Die dritte und vierte Wurzelrasse

Johannes H. von Hohenstätten

Mein Dank geht an Peter Windsheimer für das Design des Titelbildes. Des Weiteren an Ariane und Michael Sauter.

Für Schäden, die durch falsches Herangehen an die Übungen an Körper, Seele und Geist entstehen könnten, übernehmen Verlag und Autor keine Haftung.

Copyright © 2016 by Christof Uiberreiter Verlag
Waltrop Germany

Herstellung und Verlag:
BoD – Books on Demand, Norderstedt
ISBN 978-3-7322-4757-8

Inhaltsangabe:

Allgemeine Einleitung:

Unser Verlag hat sich entschlossen, die beiden kleinen Schriften – „Der gefallene Stern" und „Atlas, der wahre Name von Atlantis" – zu einem größeren Buch zusammenzufassen, da sich nicht nur die Themen überschneiden, sondern sich auch sinnvoll ergänzen. Außerdem findet man in keinem einzigen Buch so viele detaillierte Informationen über die beiden bedeutendsten menschlichen Rassen. Dies ist schier unmöglich.

Der erste Teil – Der gefallene Stern – schildert die Entwicklung der Lemurianer, der 3. Rasse auf äußerst anschauliche Art und Weise, denn kein geringerer als der Rosenkreuzer und Magier Bulwer-Lytton selbst berichtet darüber aus einer hellsichtigen Schau.

Im zweiten Teil geht es um das sagenhafte „Atlantis", dessen wahrer Name „Atlas" lautet. Doch nicht nur dies, sondern viele interessante und unbekannte Neuigkeiten zu dem zerstörten Kontinent werden hierin aufgezählt, welche den Leser überraschen werden.

Einleitung zur dritten Wurzelrasse:

Einleitend möchte ich mit den Strophen des Dzyan nach Blavatsky´s „Geheimlehre" Band II beginnen:

Strophe 6

22. *„Dann entwickelte die Zweite die Eingeborene Dritte. Der Schweiß wuchs, seine Tropfen wuchsen und die Tropfen wurden hart und rund. Die Sonne erwärmte ihn; der Mond kühlte und gestaltete ihn; der Wind ernährte ihn bis zu seiner Reife. Der weiße Schwan vom Sternengewölbe überschattete den großen Tropfen. Das Ei der zukünftigen Rasse, der Menschenschwan der späteren Dritten. Zuerst Mannweib, dann Mann und Weib.*
23. *Die Selbstgeborenen waren die Chhayas (Schatten), die Schatten aus den Körpern der Söhne des Zwielichtes. Weder Wasser noch Feuer konnte sie zerstören. Ihre Söhne wurden.*

Strophe 7

24. *Die Söhne der Weisheit, die Söhne der Nacht, bereit zur Wiedergeburt, kamen herab. Sie sahen die schlechten Formen der Ersten Dritten. „Wir können wählen" sagten die Herren, „Wir haben Weisheit." Einige traten in die Chhayas (Schatten) ein. Einige entsendeten einen Funken. Einige warteten bis zur Vierten (Rasse). Aus ihrem eigenen Rupal (Kraft/Form) fühlten sie den Kama (Begierde). Jene, welche eintraten, wurden Arhats (Adepten). Jene, welche einen Funken erhielten, blieben bar der Erkenntnis; Ihre Jivas (Seele) waren nicht bereit. Diese wurden beiseite gesetzt unter den Sieben. Sie wurden schwachköpfig. Die Dritten waren bereit. „In diesen werden wir wohnen" sprachen die Herren der Flamme und der dunklen Weisheit.*
25. *Wie handelten die Manasa, die Söhne der Weisheit? Sie verwarfen die Selbstgeborenen. Sie sind nicht bereit. Sie verschmähten die Schweißgeborenen. Sie sind nicht ganz bereit. Sie wollten nicht eintreten in die ersten Eigeborenen.*
26. *Als die Schweißgeborenen die Eigeborenen hervorbrachten, die*

zweifältigen, die mächtigen, die starken mit den Knochen, da sprachen die Herren der Weisheit: „Nun werden wir schaffen."

27. Die Dritte Rasse wurde das Vahan (Vehikel) der Herren der Weisheit. Sie schuf Söhne von Wille und Yoga, durch Kriyashakti (Kraft der Gedanken) schuf sie dieselben, die heiligen Väter, Vorfahren der Arhats (Adepten)...

Strophe 8

28. Auf den Schweißgeborenen, aus dem Rückstande der Substanz, aus Stoff von toten Körpern von Menschen und Tieren des vorhergehenden Rades und aus abgestoßenem Staube wurden die ersten Tiere hervorgebracht.

29. Tiere mit Knochen, Drachen der Tiefe und fliegende Sarpas (Schlangen) wurden den kriechenden Dingen hinzugefügt. Die, welche kriechen auf dem Boden, bekamen Schwingen. Die mit den langen Hälsen im Wasser wurden die Ahnen der Vögel der Luft.

30. Während der Dritten wuchsen die knochenlosen Tiere und veränderten sich; sie wurden zu Tieren mit Knochen, ihre Chhayas (Schatten) wurden dicht.

31. Die Tiere trennten sich zuerst. Sie begannen sich zu begatten. Der zweifältige Mensch trennte sich auch. Er sagte: „Lasst uns wie sie; lasst uns vereinigen und Geschöpfe zeugen." Sie taten es...

32. Und jene, welche keinen Funken hatten, nahmen ungeheure weibliche Tiere zu sich. Sie zeugten mit ihnen stumme Rassen. Stumm waren sie selber. Aber ihre Zungen lösten sich. Die Zungen ihrer Nachkommenschaft blieben schweigend. Ungetüme brachten sie hervor. Eine Rasse von krummen, mit roten Haaren bedeckten Ungetüme, die auf allen Vieren gingen. Eine stumme Rasse, damit die Schande nicht offenbar werde.

Strophe 9

33. Als sie dies sahen, da trauerten die Lhas (Geister), welche nicht Menschen gebildet hatten und sagten:

34. „Die Amanasa (Gemütlosen) haben unsere zukünftigen Wohnungen verunreinigt. Dies ist Karma. Lasst uns sie besser belehren, damit nicht Schlimmeres geschehe." Sie taten es...

6

35. *Da wurden alle Menschen mit Manasa (Gemüt) begabt. Sie sahen die Sünden der Gemütlosen.*

36. *Die vierte Rasse entwickelte die „Sprache". (Alles weitere wird im Buch „Atlas, der wahre Name von Atlantis" berichtet)*

*

Der Kontinent Lemuria dehnte sich von Tibet, der Mongolei, Teilen Chinas bis runter nach Australien, Ceylon bis Madagaskar aus. Auch Teile von Afrika gehörten zu ihm. Nach der Wissenschaft der Anthropologie und den Theosophen war er die materielle Urheimat des Menschen. Hierfür gibt es viele geologische, pflanzliche und tierische Beweise. Die australischen Ureinwohner, die Aborigines, sind die direkten Nachkommen der Lemurianer, die sich über so lange Zeit erhalten haben. Es gibt zwar noch einige andere Urstämme, doch das Aussehen der obigen Rasse ist am charakteristischen.

Als erstes möchte ich näher auf den damaligen Menschen eingehen. Die Lemurianer konnten sich zwar Vorstellungen machen, aber diese Vorstellungen von Dingen blieben nicht in der Erinnerung haften. Daher hatten sie auch noch keine Sprache im eigentlichen Sinne. Sie brachten nur Urlaute, den Vokalen gemäß, hervor. Mitteilungen wurden durch Gedankenübertragung bewirkt, da die Welt noch nicht richtig verdichtet war. Aus diesem Grund konnten sie alles mit ihrer Vorstellung tätigen. Sie lebten ja zwischen Materie und dem Astral. Alle konnten sich untereinander verständigen, da alle eine Sprache sprachen, bis zum symbolischen Turmbau von Babel (siehe Bibel). Dort begann die Sprachverwirrung, denn der Mensch wurde materiell und jeder bezeichnete die Dinge mit anderen Lauten.

Kindererziehung war ganz anders als heute. Die Knaben wurden in der kräftigsten Art abgehärtet. Sie mussten lernen, Gefahren zu bestehen, Schmerzen auszuhalten, kühne Handlungen zu vollbringen. Diejenigen, welche die Martern nicht ertrugen, Gefahren nicht bestehen konnten, wurden als keine nützlichen Mitglieder der Gesellschaft anerkannt.

Rudolf Steiner sagt in seiner „Akasha-Chronik" (S.59-63 zusammengefasst): *„Anders war die Mädchenzucht. Zwar wurde auch das weibliche Kind abgehärtet; aber es war alles Übrige darauf angelegt, dass es eine kräftige Phantasie entwickele. Es wurde zum Beispiel dem Sturm ausgesetzt, um dessen grausige Schönheit ruhig zu empfinden; es musste den Kämpfen der Männer zusehen, angstlos, nur durchdrungen von dem Gefühl für die Stärke und Kraft, die es vor sich sah. Die Anlagen zur*

Träumerei, zum Phantasieren entwickelten sich dadurch bei Mädchen; aber diese schätzte man besonders hoch.

Sie hielten sich da auf, wo die Natur selbst dazu Gelegenheit gab. Erdhöhlen zum Beispiel, die sie benutzten, gestalteten sie nur so um, statteten sie mit solchen Zutaten aus, wie sie dies brauchte. Später bauten sie sich auch aus Erdreich solche Höhlen; und dann entwickelten sie bei solchen Bauten eine große Geschicklichkeit.

Die Orte, an denen man die Kinder abhärtete, wurden mit Mauern dieser Art umgeben. Immer gewaltiger und kunstvoller wurden aber gegen Ende dieses Zeitalters die Bauten, welche der Pflege der „göttlichen Weisheit und göttlichen Kunst" dienten. Diese Anstalten waren in jeder Art verschieden von dem, was der späteren Menschheit die Tempel waren, denn sie waren zugleich Unterrichtsanstalten und Wissenschaftsstätten. Wer dazu geeignet befunden wurde, durfte hier eingeweiht werden in die Wissenschaft von den Weltgesetzen und in der Handhabung dieser Gesetze. War der Lemurianer ein geborener Magier, so wurde hier diese Anlage zur Kunst und zur Einsicht ausgebildet. Nur diejenigen, welche im höchsten Maße durch jegliche Abhärtung die Fähigkeit erworben hatten, zu überwinden, konnten zugelassen werden. Für alle anderen war das, was in diesen Anstalten vorging, das tiefste Geheimnis. Man lernte hier die Naturkräfte in unmittelbarer Anschauung kennen und auch beherrschen. Aber das Lernen war so, dass die Naturkräfte beim Menschen sich in Willenskräfte umsetzten. Er konnte dadurch selbst ausführen, was die Natur vollbringt. Was die spätere Menschheit durch Überlegung, durch Kombination vollbrachte, das hatte damals den Charakter einer instinktiven Tätigkeit.

Dagegen war ein großer Teil der Menschheit auf so niedriger Entwicklungsstufe, dass man ihn durchaus als tierisch bezeichnen muss. Überhaupt gilt nur von einem kleinen Teil der Menschen das, was hier von ihnen beschrieben ist. Der andere Teil lebte ein Leben in wilder Tierheit. Ja, diese Tiermenschen waren in dem äußeren Bau und in der Lebensweise durchaus verschieden von jenem kleinen Teil. Sie unterschieden sich gar nicht besonders von den niederen Säugetieren, die ihnen in gewisser Beziehung auch in der Gestalt ähnlich waren."

Nun zur Bedeutung der erwähnten Tempelstätten. Es war keine eigentliche Religion, was da gepflegt wurde. Es war eher göttliche Weisheit und Kunst. Der Mensch empfand es unmittelbar als ein Geschenk der geistigen Weltkräfte. Und wenn er dieses Geschenk bekam, so sah er sich selbst als einen Diener dieser Weltkräfte. Er fühlte sich geheiligt vor allem Ungeistigen. Will man von Religion auf dieser Stufe der Menschheitsentwicklung sprechen, so könnte man sie als eine „Willensreligion" bezeichnen. Die religiöse Stimmung, die Atmosphäre und Weihe lag darinnen, dass der Mensch die ihm verliehenen Kräfte als strenges, göttliches „Geheimnis" hütete. Deshalb führte er ein Leben, durch das er diese Macht heiligte, denn sie blickten hinein in die schöpferische Werkstatt der vierpoligen Natur. Was sie erlebten, war ein Verkehr mit geistigen Wesenheiten, die an der Welt selbst mitschöpften. Man darf diesen Verkehr ruhig als einen visionären Umgang mit den Göttern nennen. Und was sich später als Einweihung entwickelt hat, ist aus dieser ursprünglichen Art des Verkehrs der Menschen mit den Göttern hervorgegangen. In den darauffolgenden Zeiten musste sich dieser Verkehr, diese Verbindung anders gestalten, weil der menschliche Geist andere Formen und Vorstellungen annehmen konnte.

Frauen hatten großen Anteil an der Bildung der damaligen Kultur, indem sie in der oben geschilderten Art lebten. Sie bildeten dadurch besondere menschliche Kräfte aus. Sie nahmen sinnig die Kräfte der Natur in sich auf und ließen sie in der Seele nachwirken. Damit bildete sich die Grundlage des Gedächtnisses und mit diesem trat auch die Fähigkeit in die Welt, die ersten allereinfachsten moralischen Begriffe zu formen.

Die Willensausbildung der Männer kannte derartiges zunächst nicht. Der Mann folgte instinktiv entweder den Antrieben der Natur oder den Einflüssen, die von den Eingeweihten ausgingen. Aus der Frauenart heraus entstanden die ersten Vorstellungen von gut und böse. Da fing man an zu lieben und das andere, das Schlechte zu verabscheuen. Da die Herrschaft, das männliche – Feuer – Element, mehr auf die äußere Wirkung der Willenskräfte gerichtet war, so entstand daneben im weiblichen – Wasser – Element eine Wirkung auf das Gefühl, durch die inneren, persönlichen Kräfte des Menschen. Hatte der Mann die Naturkräfte geschaut und ausgeübt, wurde die Frau die erste Deuterin derselben.

Die Frau war in ihrer Seele einer anderen Art von geistigen Mächten zugänglich. Solchen, die mehr zu dem Gefühlselement – Wasser (und Erde) – der Seele sprachen, weniger zu dem geistigen – Feuer und Luft –, dem der Mann unterworfen war. So ging von den Männern eine Wirkung aus, die mehr geistig-göttlich, von den Frauen eine solche, die mehr seelisch-göttlich war.

Frauen sahen in Allem das seelisch Belebte, handelten nach der inneren

Stimme. Männer und Frauen tauschten die Erfahrungen aus und halfen sich gegenseitig in ihrer Entwicklung. Aus solcher Seelenverfassung erstand das, was man menschliche Religion nennen kann. Einzelne Frauen gelangten zu besonderer Vorherrschaft, weil sie aus besonderen geheimnisvollen Tiefen heraus zu deuten wussten, was in der Welt enthalten ist.

So kam es, dass bei solchen Frauen das, was in ihrem Innern lebte, sich in eine Art Natursprache umsetzte. Denn der Anfang der Sprache liegt nämlich im Gesang. Die Kraft des Gedankens setzte sich in die hörbaren Laute um. Der innere Rhythmus der Natur erklang von den Lippen „weiser" Frauen.

Man versammelte sich um solche Frauen und empfand in ihrem Gesang die Äußerungen höherer Mächte. Der menschliche Gottesdienst hat mit solchen Dingen seinen Anfang genommen. Von einem Sinn des Gesanges kann für die damalige Zeit nicht die Rede sein. Man empfand Klang, Ton und Rhythmus. Man stellte sich dabei nichts weiter vor, sondern sog die Kraft des Gehörten in die Seele. Der ganze Vorgang stand unter der Leitung der höheren Führer, der Brüder des Olymp. Nach der „Geheimlehre" kamen selbige vom Planeten Venus und halfen bei der Entwicklung der Lemurianer. Sie hatten auf magische Art und Weise Töne und Rhythmen den „weisen" Priesterinnen eingeflößt. So konnten sie veredelnd auf die Seelen der Menschen wirken. Man kann sagen, dass in dieser Art überhaupt erst das eigentliche Seelenleben erwachte. Durch den Gesang fühlten sie sich eins mit der Natur und den in ihr waltenden Mächten.

Man muss sich vorstellen, dass der Menschenleib zu dieser Zeit noch etwas sehr bildsames und geschmeidiges hatte. Wenn das innere Leben sich veränderte, wandelte sich durch Vermittlung der Astralmatrize der Körper. Nicht lange vorher waren nämlich die Menschen in Bezug auf den äußeren Körperbau noch recht verschieden. Der äußere Einfluss der Gegend, des Klimas war da noch für den Bau entscheidend.

Erst in den Siedlungen wurde der Körper immer mehr zum seelischen Ausdruck des Menschen. Diese Menschen zählten zu den Edleren ihres Typus. Durch das, was die Führer, die blauen Mönche, getan hatten, haben sie das geschaffen, was die wahre menschliche Gestalt ist. Das ging allerdings ganz langsam und allmählich, denn die Natur macht keine großen Sprünge.

Aber auch dieses Reich ging dem Untergang entgegen. Da Rudolf Steiner und viele andere sagen, dass der Untergang durch massive vulkanische

10

Tätigkeit herbeigeführt worden sei, will ich nun aus dem altägyptischen Buch von Hermes Trismegistos „Hanoch" zitieren (übersetzt von W. Quintscher). Da es sich hierbei um *kein* hochtechnisiertes Volk handelt, sondern um ein äußerst primitives, bezieht es sich auf die 3. Rasse: *„Der „Andere" (Dämonengottheit) aber sah, dass die Hanochiten sich auch nach dem Gebirge des Asron begaben und sich dort wieder dem Dienst des Wahren und Rechtmäßigen unterstellten. Darauf rief er alle seine Abtrünnigen – Dämonen – zusammen und befahl ihnen, die Gestalt der Erde zu verändern und dabei das ganze Menschengeschlecht zu verderben.*

In Kura wohnte noch eine Familie, die gleich den Kindern Asrons dem wahren Herrn und Schöpfer treu ergeben war. Zu ihr kam eines Nachts der Vorsteher „Nehima" und sprach: „Baue dir ein Haus, welches nur oben Fenster und einen dreifachen Boden hat. In den untersten Raum lege alle Dinge, die ich dir noch nenne. In den zweiten bringe Tiere, die sich bei dir einfinden werden und im obersten Raum bringe die Deinen unter. Sobald dieses Haus fertig ist, tue wie ich dir gesagt habe und öffne nie wieder, bevor ich es dir nicht sage!"

Er nannte ihnen noch alle Dinge, Pflanzen und Kräuter und vielerlei Gewächse. Dann schied er von ihnen. Inzwischen waren Anum und die Seinen wohlbehalten im Gebirge Asron angekommen und wurden nunmehr die sichtbaren Hüter des heiligen Feuers.

Die Abgesandten Genien der Unsichtbaren gingen in die unsichtbare Welt zurück, zumal der rechtmäßige Herr und Schöpfer alle seine Getreuen sammelte, um die Anschläge des „Anderen" gegen die sichtbare Welt zu verhindern oder wenigstens abzuschwächen. Dieser Kampf der Götter war ein Kampf der Naturgewalten und aller entfesselten Kräfte.

Am Ufer des Kuma erhob sich der Berg Creon, an dessen Abhang die Stadt Willia erbaut war. Dieser Berg wurde die Ursache des späteren Unterganges des Landes Hanochia. Der „Andere" sandte seine unsichtbaren Diener dorthin. Der Berg Creon begann seine vulkanische Tätigkeit. Mächtige Feuersäulen und Rauchwolken stiegen empor. Große Schwaden giftiger Gase drangen aus dem gerissenen Gestein. Viele Steine wurden nordwärts geschleudert und fielen in das Tal und Bett des Kuma. Große Ströme glühender Massen flossen ins Tal. Auch der Berg Sehor, der Berg Kedron und der Berg Poea traten in Tätigkeit und ihre Glutmassen vernichteten blühende Flure und Menschensiedlungen.

Diese vulkanische Tätigkeit rief schwere Erderschütterungen und Geländeveränderungen hervor. Sie veränderte die bisherigen Wasserläufe der Flüsse. Hatte der Kuma bisher alles Wasser der Flüsse des Landes Hanochia und Adonia aufgenommen und nach Westen geführt, so wurde sein Lauf unterbrochen und sein Tal durch Steinmassen des Berges Creon verschüttet. Durch innere Explosionen lösten sich ganze Felsen ab und brachen ins Tal. Durch die Feuermassen, die sich im Wasser des Kuma löschten und verhärteten, entstanden Dünste, aus denen sich zahlreiche Gewitter entwickelten, die sich einander an Heftigkeit zu übertreffen schienen. Die negativen und positiven Kräfte und Mächte in der Natur gerieten aneinander und es kam zum folgenschweren Ausgleich.

Nur die Menschen im Tiefland lebten noch sorglos dahin. Selbst dann noch, als die Bergvölker, bis auf die vom Gebirge Asron, von den Vulkanen, Erdbewegungen und Gesteinsverschiebungen getötet worden waren. Erst durch die Verschüttung des Kuma-Verlaufs sammelten sich die Gewässer in der Ebene und bedrohten sie.

Die völlige Vernichtung des Menschengeschlechtes misslang dem „Anderen", denn außer Nuh (Noah) und den Seinen im schwimm- enden Hause, blieben die Bewohner vom Gebirge Asron sowie die der Steppe, die Kinder Huna's und Turim's, als auch die ausgewanderten Chaniiten, Jabiliten und Sineiten unbehelligt.

Eine Flucht der Hanochiten war unmöglich, weil das niedere Land unter Wasser gesetzt war und die Berghöhen in vulkanischer Tätigkeit. Weitere Erdrevolten erfolgten, als die Wasserfluten in die offenen Krater der feuerspeienden Berge hineinliefen, was zur Bildung von großen Hohlräumen führte. Ein Vulkan nach dem anderen versank in den Fluten.

Durch die unterirdischen Explosionen wurde das Gewässer so erregt und erzeugte so große Wogen, dass das schwimmende Haus des Nuh bis ins Vorgebirge des Araratgebirges hinaufgeworfen wurde.

Langsam aber sicher gewannen die Getreuen unter den Unsichtbaren, die Diener des rechtmäßigen Herrschers, die Oberhand und drängten die Abtrünnigen zurück oder trieben sie auseinander. Wohl waren ganze Völker durch die Tücken und die Schuld des „Anderen" grausam vernichtet, aber trotzdem blieben genug übrig, um die Welt wieder neu zu bevölkern. "

Eine kleine Gruppe sonderte sich unter Führung eines weisen Magiers ab und gründete die atlantische Rasse. Es gab zu allen Zeiten zivilisierte und wilde Rassen. Deshalb könnte den Film „Conan, der Barbar" mit Arnold Schwarzenegger als eine ungefähre Umsetzung der lemurianischen Periode ansehen werden. Man bedenke, dass im Film Riesenungeheuer vorkommen.

Das nächst Folgende ist eine Beschreibung eines Lemurianers, welche die okkulte Literatur leider falsch verstanden hat. Er war riesengroß, etwa 12-14 Fuß, das sind knapp vier Meter! Er hatte dunkle Haut, gelbbraun, sein Unterkiefer sehr lang, das Antlitz flach, seine Augen klein, stechend und weit auseinander, sodass er seitwärts wie vorwärts schauen konnte. Er hatte keine Stirn, statt dessen eine Hautwulst. Die Arme und Beine waren im Verhältnis zum Rumpf viel länger als unsere und konnten sich in den Gelenken nicht strecken. Hände und Füße waren enorm, hatten hässlich vorspringende Hacken. Bekleidet war er mit einem losen Ledergewand aus schuppiger Saurierhaut. Um den kurz behaarten Kopf hatte er ein buntes Lederband. Bewaffnet war er mit einem zugespitzten Stab, welcher zur Verteidigung und für den Angriff diente. Die Waffe hatte etwa seine Größe. Bei sich hatte er eine saurierähnliche Echse als Haustier, welche ihm als Jagdhelfer diente. Dieser Typus stellte den durchschnittlichen Lemurianer dar. Ihr Aussehen wurde in den Statuen der Osterinsel von der Lemuro-atlantischen Rasse verewigt (siehe „Geheimlehre").

Das dritte Auge, das „Auge des Zyklopen", war ein Symbol für das Hellsehen. Die 3. Rasse war noch nicht vollkommen materiell und konnte somit ins Astralreich blicken. Manch einer meint, das Auge, befindlich im Hinterkopf, wäre physisch vorhanden, was leider ein Irrtum ist. Aus diesem Grund ist es verständlich, dass diese Rasse der hellsichtigen Schau mächtig war, sprich, astrale Gesetze besser kannte als unsereiner. Mit der Zeit der Verdichtung verlor sie aber diese Gabe. Aus diesem Grund fiel die Rasse in Sünde und Bosheit, was der Roman „Der gefallene Stern" veranschaulicht.

Die Vernichtung von Sodom und Gomorrha ist eigentlich eine Zerstörung einer uralten lemurianischen Stadt. Das steht in Beziehung zur Sodomie, die bei dieser gefallenen Rasse gepflegt wurde! Das ist auch ein Mitgrund, warum sie so tief in die Materie versunken ist, und im Endeffekt ausgelöscht wurde, frei nach dem Spruch, dass aus Altem Neues entsteht!

Mehrere Autoren verschiedenster okkulter Anschauungen berichten einstimmig, dass der Affe vom Menschen abstammt und nicht umgekehrt. Er soll eine Rückentwicklung der Lemurianer zu den Tieren gewesen sein, weil sie so tief in der Materie steckten. Im Laufe der Zeit entwickelten sie sich zu den Menschenaffen. Man bedenke, dass diese Rasse nicht so verdichtet war, wie die Nachfolgende vierte.

Die Wissenschaft spricht zwar von der Umwandlung vom Affen zum Menschen, vom Weichtier zum Fisch, vom Kriechtier zum Vogel und Säugetier, doch widerspricht sie einer Wandlung vom Riesen zum heutigen

Menschen.

Nun ein weiteres Thema. In der „Westfälischen Rundschau" (1960) hatte sich ein russisches Forschungsteam aufgemacht, das rätselhafte Sterben von 20 Millionen Tonnen von Fischen im indischen Ozean zu untersuchen. Gleichzeitig geht sie der Legende von Lemuria nach, was zwar nicht auf dem Programm stand, sich aber so ergab. Der Kontinent soll eine Hauptstadt gehabt haben, die größer war als alle jetzigen Riesenstädte. Sie bestand aus sieben Festungen an sieben Toren und Türmen, die mit Gold bestückt waren. Angeblich lag sie im Gebiet des Indischen Ozean, der ja bekanntlich sehr tief ist.

Die „Fraternitas Saturni" brachte in ihren Logenblättern einen interessanten Artikel mit dem Titel „Rudimentäre lemurianische Zauberpraktiken in Indochina" heraus, in dem eine Legende der Moi besagt, dass ihre Vorfahren auf Wolkenschiffen durch die Luft geflogen kamen. Frater Immanuel nimmt an, dass diese Legende sich auf die Lemurianer bezieht, wobei er aber im Irrtum ist. Einzig und allein in Atlas war die Zivilisation so hoch, dass sie Raumschiffe bauen konnten. Dieser Autor sagt, dass die alten Zauberpraktiken des obigen Volkes von den Lemurianern entstammen. Eine Praktik ist das Fangen vom Ätherleib (=Matrize), womit Zauberer wunderbare Sachen vollbringen können. Hierüber berichtet auch der Grieche „Daskolos" im Buch „Der Magus von Strovolos". Sie bannen die „Körper" in Gefäße und schützen damit ihr Haus. Auch die Zauberpraktik einer rituellen Entjungferung von jungen geschlechtsreifen Mädchen, die durch deren Priester vorgenommen wurde, lässt sich hier einreihen. Des Weiteren werden animistische Rituale mit den Ahnen vollzogen, bzw. es werden Geistwesen in Bilder von Göttern, die mit Knochen oder Menschenblut als Opfer gefüllt waren, gebannt. All diese Handlungen bestätigt die Aussage in den Logenblätern der F. S., dass die lemurianische Epoche eine schwarzmagische war. Selbst in der Bibelepisode „Samson und Delilah" wird auf einen dämonischen Baalskult zu uralten Zeiten hingewiesen!

Die Sundainseln Bali, Java und Sumatra und die Osterinsel sind bekannt für urzeitliche Besiedlungsfunde durch älteste Völker der Welt. Gigantische Tempelanlagen erinnern an eine längst vergangene Zeit. Aus diesem Grund finden sich dort noch rudimentäre Gebräuche, aber durch die Jahrtausende verloren sie ihren rituellen Charakter. Ahnenkult, Sagen und Legenden weisen auf diese uralte Rasse. Dass es sich z. B. bei Baalbek um eine uralte lemurianische Stadt handelt, dürfte folgende Aussage von Ariane

bestätigen. Auf Grund der Dämonenverehrung in Baalbek wird die gesamte Umgebung zum Negativen beeinflusst, denn diese Dämonengottheit ist eine negative Sonnengottheit, mit einer immensen Zerstörungskraft. Man bedenke, dass „Baal" die Uridee der Finsternis ist. Es ist der Grund für seit Jahrtausenden andauernden Streit, Krieg, Terror und sinnlose Meinungsverschiedenheiten im Nahen Osten.
Musallam bestätigte dies in seinem Buch „Am Libanon". Er schreibt, dass es wohl keine zweite Ruinenstadt, wie diese gibt! Mein Interesse an diesem Abenteuerroman war geweckt und ich las gespannt weiter. Dort ragen noch gewaltige Säulen und Mauerreste wie aus einem längst verschwundenen Gigantenzeitalter hervor. Manche Steine haben ein Gewicht von 1500 Tonnen und es ist ein Rätsel, wie das in der damaligen Zeit bewerkstelligt werden konnte. Die hiesigen Tempelbauten waren auch dem Gott Baal und Aschtarot geweiht, denen durch grauenvolle Menschenopfer und sexuelle Ausschweifungen gehuldigt wurde. Kein Kitt oder Mörtel hält die Steine zusammen und keine Messerklinge geht durch die Ritzen. Der Name „Baalbek" ist gleichbedeutend mit „Sonnenstadt" (vgl. die Beschreibung des Dämonengottes im Buch „Allzu Unmenschliches"). Die siebte Unterrasse der Riesen erbaute auch aus Lavasteinen die sogenannten Zyklopenbauten, unter anderem in Madagaskar.
Da ich das alles nicht glauben konnte, was Musallam in Bezug auf diese Stadt geschrieben hatte, musste ich meinen Vater befragen, der ja Reisebüroleiter war und die ganze Welt erkundet hatte. Er bestätigte dies, indem er sagte, dass er vor vielen Jahren selbst in Baalbek (Libanon) war. Er erzählte mir, dass dereinst wirklich Menschenopfer dargebracht wurden und dass alles Übrige laut der Wissenschaft aus römischer Zeit stammte, bis auf eine Treppe, so bezeichnete er dieses „Gebäude", welches aus riesigen Steinblöcken besteht.
Dr. Hemberger, Okkultist und Mitglied mehrerer Logen, schreibt in einem seiner zahlreichen Bücher („Pansophie und Rosenkreuz", Band I), dass der „Adonismus" von Musallam eine Art Baalskult ist. Als ich das las, musste ich Anion fragen, ob Herr Hemberger sich nicht vertan hätte. Doch Anion gab dem Herrn recht, und somit ist es leicht verständlich, warum Musallam wegen sexueller Unzucht inhaftiert wurde. Auch Quintscher, der mit ihm befreundet war, vertrat die gleichen Ansichten.
Nach arabischer Überlieferung ist Baalbek die älteste Stadt der Erde, denn sie wurde von Kain, Adams Sohn erbaut, einem Lemurianer. Bei diesen Bauten handelt es sich nur um die frühen Schaffungswerke der Riesenrasse,

kurz vor ihrem „Untergang":

- Wenn es keine Riesen gegeben hätte, gäbe es auch keine Riesen-Zyklopen-Bauten.
- Die Steine in Stonehenge heißen „Riesentanz" und der Bau wurde von der Übergangsrasse zu den Atlantern gemacht.
- Stonehenge wurde von magiekundigen Priestern erbaut, die die Steine mittels des Willens bewegten.
- Plinius erzählt, es gäbe Steine, die bei Annäherung mit der Hand von alleine davonflogen.
- Geologen nehmen an, dass die Steine von weit entfernten Ländern – sogar übers Meer – herkamen. Für die Wissenschaft unerklärlich!
- Herr Tooke sagt (siehe „Geheimlehre"), dass er annimmt, dass einige Steine durchaus aus Afrika kommen könnten, da diese Steine nicht europäischen Ursprungs sind. Das deckt sich seltsamerweise mit einer irischen Legende, in der es heißt, dass ein afrikanischer Zauberer sie mitgebracht hatte.
- Stonehenge wurde mit mathematischer Genauigkeit gebaut, hat die Form einer Planisphäre von Dendara (Zentralprojektion der Himmelssphäre auf eine Ebene) und den Tierkreiszeichen.
- Es gab auch Gleichgewichtssteine, die Millionen von Pfund wiegen und sich nicht verrücken lassen, sondern immer wieder in ihre Ausgangslage zurückkehren.
- Viele Zyklopenbauten wurden bekannten geschichtlichen Persönlichkeiten zugeordnet, wie z. B. den Titanen Herkules oder Perseus.
- In der Sahara wie in Indien fand man ähnliche Monolithen.

Die Druiden, wie vielfach gesagt wurde, sind nicht die Schöpfer der Zyklopenbauten in Stonehenge, in der Bretagne und Carnac (Frankreich), sondern bloß die Erben der dritten Rasse.

Aus all diesen Legenden veröffentlichen wir die interessante Geschichte von Bulwer-Lytton, die man durchaus für bare Münze nehmen kann. Er musste sie nur der damaligen Zeit – 1841 – anpassen, denn sonst hätte man ihn als „Märchenerzähler" beschimpft. Die gleiche Meinung über diese Stadt hatte der Okkultist „Surya", der in einer okkulten Zeitschrift – Zentralblatt für Okkultismus – diesen Roman empfahl.

Der gefallene Stern
Bulwer-Lytton

Die Sterne saßen jeder auf seinem rubinfarbenen Throne und wachten mit schlaflosen Augen über die Welt. Es war die Nacht, mit welcher das neue Jahr beginnt, eine Nacht, in der jeder Stern vom Erzengel, welcher alsdann die Milchstraße besuchte, seine besonderen Aufträge erhält. Die Schicksale von Menschen und Ländern werden alsdann für das kommende Jahr ausgeteilt und ohne dass wir es wissen, werden unsere Lose den Sternen anvertraut. Es ist eine stille, feierliche Nacht, in welcher die dunklen Tore der Zeit sich öffnen, um den Geist des toten Jahres zu empfangen und der junge, strahlende Fremdling aus den umwölkten Klüften der Ewigkeit hervorstürzt. In dieser Nacht sollen die Geister, welche wir nicht sehen, ihre Vorrechte und Macht ausüben können. Die Toten werden in ihren vergessenen Gräbern aufgestört, aber die Menschen schmausen und lachen, während Dämonen und Engel um ihr Los miteinander kämpfen.

Es war Nacht im Himmel; überall herrschte eine unaussprechliche Stille; die Musik der Sphären schwieg und kein Ton kam von den Engeln der Sterne und derer, die auf diesem Thron saßen, waren 3010, jeder dem anderen gleich. Ewige Jugend bekleidet ihre strahlenden Glieder mit himmlischer Schönheit und auf ihren Gesichtern war jene schreckliche Ruhe, jene fürchterliche Stille geschrieben, welche nicht fühlt, welche nicht teilnimmt an den Losen, über denen sie brütet. Krieg, Sturm, Pest, das Entstehen und Vergehen von Ländern ordnen sie ohne Freude, ohne Mitleid an. Die unmenschlichen, himmelschreienden Verbrechen, welche umherschleichen, wenn die Welt im Schlafe liegt; der Vatermord mit seinen leisen Schritten, seiner finsteren Stirne und seinem erhobenen Messer; die gattenlose Mutter, welche aus ihrer Wohnung hinausschlüpft, schaudernd zurückblickt, ihr Kind in den Fluss wirft, sein Gewimmer hört und kein Mitleid fühlt, beim Geplätscher desselben nicht zittert, – auf solche Szenen des Grauens blicken die Sternenkönige herab, zu ihnen leiten sie den unbewussten Schritt; aber die Schuld bleicht ihren Glanz nicht, noch lassen Gewissensbisse ihre faltenlose Jugend welken. Jeder Stern trug ein königliches Diadem; um die Lenden eines jeden schlang sich ein Gürtel mit mannigfaltigen und erhabenen Charakteren bezeichnet; der Fuß eines jeden ruht auf einer brennenden Kugel und der rechte Arm lag auf dem Knie, während sie sich von ihren Thronen herniederbeugten. Sie regten kein

Glied und keine Miene, außer dem Zeigefinger der rechten Hand, welchen sie fortwährend langsam bewegten und die Schicksale der Menschen damit leiteten, wie der Arm der Sonne nur den Lauf der Zeit andeutet.

Nur einer von den 3010 hatte nicht dasselbe Aussehen wie seine gekrönten Brüder. Es war ein kleinerer Stern als die übrigen und weniger leuchtend. Auf seinem Antlitze lag nicht die schauerliche Ruhe der anderen; aber seine mächtige Stirne drückte Verdrießlichkeit und Unzufriedenheit aus.

Und der Stern sprach zu sich selbst: „Siehe, ich bin minder herrlich erschaffen als meine Genossen und der Erzengel teilt mir nicht dieselbe Bestimmung zu. Nicht für mich sind die Lose der Könige und Barden, der Beherrscher der Länder und der noch edleren Lenker und Beschwichtiger der Seele. Träg ist der Geist und niedrig das Los der Menschen, die ich durch ein dunkles Leben zu einem ruhmlosen Grabe führen muss. Und warum? Ist es mein eigener Fehler oder ist es nicht meine Schuld, dass ich aus weniger glanzvollen Strahlen gewoben wurde als meine Brüder? Ja, wenn der Erzengel kommt, will ich mein gekröntes Haupt seinen Geboten nicht beugen. Ich will sprechen wie der alte Luzifer vor mir; er empörte sich wegen seiner Herrlichkeit, ich wegen meiner Dunkelheit; er aus Übermut, ich aus Unmut."

Während der Stern also mit sich selber sprach, teilte sich der obere Himmel wie durch einen langen Lichtstrom und in diesem Strome fuhr schnell und geräuschlos der Erzengel zum Besuche der Sterne herab. Seine gewaltigen Glieder schwammen in dem hellen Glanze und seine ausgebreiteten Schwingen, in welchem jede Feder die Glorie einer Sonne barg, trugen ihn leise dahin. Aber dicke Wolken verhüllten seinen Glanz vor den Augen der Sterblichen und während oben alles in einem Lichtmeer versenkt war, tobten in den niedrigeren Regionen Ungewitter und Sturm über den Kindern der Erde. Er beugte den Himmel und kam herab und Finsternis war unter seinen Füßen.

Und die Stille auf dem Antlitz der Sterne wurde noch stiller und die Schrecklichkeit verwandelte sich in Schrecken. Gerade über ihren Thronen hemmte der Engel seinen Lauf und seine Schwingen ragten von Osten nach Westen und überschatteten mit dem Schatten des Lichtes die Unermesslichkeit des Raumes. Jetzt, in der leuchtenden Stille, rollte die donnergleiche Musik seiner Stimme und als Bote Gottes wies er jedem Sterne seine Pflicht und seine Aufgabe an und jeder Stern beugte sein Haupt noch tiefer als er den Befehl hörte, während sein Thron bei der Majestät des Wortes zitterte. Als nun jeder von den glänzenden Sternen der

Reihe nach seine Befehle und die Herrschaft über die Nationen der Erde, den Purpur und die Königskronen erhalten hatte, wandte sich der Erzengel zu dem kleineren Sterne, der entfernt saß von seinen Genossen: „Siehe", sprach der Erzengel, „die rauhen Stämme des Nordens, die Fischer des Stromes, der unten fließt und die Jäger in den Forsten, welche die Berggipfel mit dunklem Grüne schmücken, diese sind deiner Obhut anvertraut und ihr Schicksal soll deine Sorge sein. Glaube ja nicht, o Stern mit der trüben Ausstrahlung, dass deine Aufgabe unrühmlicher ist als die deiner Brüder; denn der Landmann ist in den Augen deines und meines Gebieters nicht geringer als der Monarch, und das Schicksal der Länder hängt ebensowohl von der Herde als von dem Beherrscher ab. Die Leidenschaften und das Herz sind das Gebiet der Sterne – ein mächtiges Reich; nicht minder mächtig unter dem Felle, womit sich der Schäfer bedeckt, als unter den juwelenbesetzten Mänteln der Könige des Morgenlandes."

Jetzt erhob der Stern das bleiche Antlitz von seiner Brust und antwortete dem Erzengel: „Siehe, Jahrhunderte sind dahin gegangen und jedes Jahr hast du mir dieselbe niedrige Aufgabe zugeteilt. Entbinde mich von den Pflichten, die ich verachte, oder wenn du willst, dass die niederen Stände unter den Menschen meiner Obhut anvertraut sein sollen, so erteile mir die Aufsicht nicht über Viele, sondern über Einen und erlaube, dass ich ihn mit jenem feurigen Streben erfülle, welche die Tiefen des Lebens verachtet und seine Höhen ersteigt. Wenn ich über die niedrigen wachen soll, so lass Einen unter ihnen sein, den ich zur Demütigung des Stolzen erziehen darf; denn siehe, Ordner der Sterne, indem ich seit ungezählten Jahren auf meinem einsamen Throne saß und über die Dinge da unten nachdachte, sammelte mein Geist Weisheit aus den Wechseln, die im irdischen Leben vorgehen. Auf die Sterblichen herabschauend sah ich, wie die Menge beherrscht wird und entdeckte den Pfad, der die Schwäche zur Gewalt leitet und ich möchte gern der Führer eines solchen sein, der, obwohl aus niederem Stande, nach der Herrschaft strebt."

Wie eine plötzliche Wolke über dem Antlitz des Mittags war der Wechsel auf der Stirne des Erzengels.

„Stolzer, düsterer Stern!" sagte der Herold des Himmels, „dein Wunsch hadert mit dem Laufe des unsichtbaren Schicksals, welches da oben thront und alles beherrscht und ordnet, mit der Quelle, aus der die kleineren Ströme des Geschicks ewig durch das Herz des Weltalls fließen. Denkst du, dass deine Weisheit allein den Bauer zum König machen könne?"

Und der gekrönte Stern blickte unerschrocken dem Erzengel ins Angesicht und antwortete: „Ja, lass mich nur einmal den Versuch machen."

Ehe der Erzengel eine Antwort darauf geben konnte, spaltete sich der fernste Mittelpunkt des Himmels wie durch einen Blitz. Der göttliche Bote bedeckte sein Gesicht mit den Händen und eine leise, süße, im Bewusstsein unwandelbarer Macht milde Stimme sprach zu dem missvergnügten Sterne: „Die Zeit ist gekommen, wo dein Wunsch dir gewährt wird. Dort drunten auf jener einsamen Ebene sitzt ein Sterblicher, düster wie du selbst, der unter deinem Einflusse geboren, deiner Führung überlassen sein soll."

Die Stimme schwieg, gleich der Stimme eines Traumes. Stille herrschte über den Meeren des Raumes und der Erzengel schwebte wieder in die Höhe und zog langsam nach einem entlegeneren Himmel, um den göttlichen Willen den Sternen entfernterer Welten zu verkünden. Aber die Seele des missmutigen Sternes frohlockte und er sprach zu sich selbst: „Ich will hervorrufen einen König vom Tale der Hirten, der die Könige meiner Genossen niedertreten und den Schützling des verachteten Sternes glorreicher machen soll als die Lieblinge seiner begünstigten Brüder; so will ich mich für die Vernachlässigung rächen – so will ich meine Rechte auf alles, was die Erde Großes hat, nachweisen!"

*

Obwohl die Welt damals schon durch Jahrtausende dahingerollt war und der Pilgerlauf des Menschen schon verschiedene Zustände durchwandelt hatte, wovon unsere dunkle Tradition keine Kunde überlieferte, stand doch unser Geschlecht auf der nördlichen Hemisphäre zu jener Zeit auf einer solchen Bildungsstätte, welche wir unserer unvollkommenen Ansicht nach als eine der frühesten bezeichnen.

Bei einer rohen, ungeheuren Steinschicht, dem Mauerwerk aus einer längst vergessenen Periode, saß einsam um Mitternacht ein Mann und blickte zum Himmel auf. Ein Sturm war soeben vorübergezogen, die Wolken hatten sich hinweggewälzt und die hohen Sterne blickten herab auf die raschen Wogen des Rheins und keinen Laut außer dem Brausen der Wellen und dem Träufeln des Regens von den gewaltigen Bäumen hörte man rings um den Trümmerhaufen. Die weißen Schafe lagen auf der Ebene zerstreut und schlummerten. Der Mann wachte über die Herde, damit kein benachbarter Feind unversehens einen räuberischen Angriff machen könnte und er sprach also zu sich selbst: „Der König sitzt auf seinem Throne und er wird von einem kriegerischen Stamme geehrt und der König frohlockt über die gewonnenen Trophäen. Der Jäger schreitet kühn über den Rücken des

Berges und sein Name ertönt nachts um das Tannenfeuer von den Lippen des Sängers und der Sänger selbst wird in der Halle geehrt. Aber ich, der ich nicht zum Königsgeschlecht gehöre und dessen Glieder nicht für Raubzüge geschaffen, noch geschickt genug sind, um den Horst des Adlers und des raschen Hirsches zu ersteigen, dessen Hand keine Harfe schlagen kann und dessen Stimme zu rauh für den Gesang ist; Ich habe weder Ehre noch Macht und kein Mensch beugt das Haupt, wenn ich vorübergehe; und doch trage ich das Bewusstsein einer großen Kraft in mir, die über meinesgleichen herrschen und nicht gehorchen sollte. Mein Auge durchdringt die Geheimnisse des menschlichen Herzens, ich sehe seine Gedanken, ehe die Lippen sie aussprechen und ich verachte, während ich sie sehe, die Schwäche und die Gebrechen, welche ich niemals teile. Ich lache über die Torheit des Kriegers, ich verspotte in meinem Inneren die Tyrannei der Könige. Sicherlich liegt etwas in der menschlichen Natur, was geschickter zum Befehlen und würdiger des Ruhmes ist als die Sehnen des Armes, die Behendigkeit der Füße oder der Zufall der Geburt."

Während Morven, der Sohn des Oßlahns, also in seinem Inneren dachte und immer noch nach dem Himmel schaute, sah der einsame Mann, wie plötzlich ein Stern seine Stelle verließ und durch den stillen Äther heruntereilte, bis er ebenso plötzlich über dem mitternächtigen Strome stehen blieb, dem Hirten an dem Steinhaufen gerade gegenüber.

Als dieser auf den Stern blickte, ergriffen ihn allmählich seltsame Gedanken. Er trank gleichsam aus seiner feierlichen Erscheinung den Geist großer Entschlüsse. Eine finstere, rasch über die Erde dahinziehende Wolke entriss den Stern seinem Blicke; aber seinem erwachten Geiste schwebten immer noch die Gedanken und die dunklen Pläne vor, die er beim Hinaufblicken nach dem Sterne gefasst hatte.

Als die Sonne aufging, übernahm einer seiner Brüder die Obhut über die Herde und er ging fort, aber nicht in das Haus seines Vaters. Nachdenklich geriet er in das einsame Dunkel des blätterlosen, winterlichen Waldes und gestaltete immer fester und deutlicher aus seinen wilden Gedanken die Grundzüge seiner kühnen Hoffnung. In tiefe Betrachtungen versunken, hörte er ein großes Geräusch im Walde und stieg, aus Furcht, der feindliche Stamm Alerichs möchte auf diesen Wege eindringen, auf einen der höchsten Tannenbäume, deren ewiges Grün auch im Winter den Schutz gewährte, den er suchte, und durch die Äste des Baumes verborgen blickte er ängstlich nach der Richtung, woher das Geräusch gekommen war. Und es kam – es kam mit einem Stampfen und Krachen auf den Reisern und

Blättern, welche den Boden bedeckten – es kam das Ungeheuer, welches die Welt jetzt nicht mehr kennt – der mächtige Saurier des Nordens. Langsam bewegte sich die riesige Gestalt und die glühenden Augen leuchteten durch den dunklen Schatten; die geöffneten Kinnbacken zeigten die Zähne, womit das Tier die jungen Eichen des Waldes zermalmte und die ungeheuren Hauer, welche sich bis zur Mitte seines massiven Gliederbaues hinabkrümmten, glänzten weiß und gespenstisch und machten beinahe das Blut gerinnen, welcher nachher der furchtbarste Herrscher dieses uralten Zeitalters werden sollte.

Die schwarzgelben Augen des Ungeheures entdeckten den Hirten selbst in der dichten Finsternis des Tannenbaumes. Das Tier stand still – es starrte ihn an, seine Kinnladen öffneten sich und dumpfer, tiefer Laut, gleich dem Donner, erschien dem Sohne Oßlahns wie das Totengeläute zu einem schauervollen Grabe. Nachdem das Ungetier ihn einige Augenblicke angestarrt, setzte er wieder ruhig, die Zweige zermalmend, seinen furchtbaren Weg fort, bis der letzte Ton seines schweren Trittes in der Ferne erstarb.

Ehe jedoch Morven den Mut fasste, vom Baume herunterzusteigen, sah er Waffen durch die kahlen Zweige des Waldes glänzen und bekam jetzt eine kleine Rotte von dem Heere des feindlichen Alerich zu Gesicht. Er war völlig vor den Kriegern verborgen und hörte, wie im Vorüberziehen einer zu dem anderen sagte: „Die Nacht bedeckt alle Dinge, warum greifen wir sie bei Tag an?"

Und der, welcher das Haupt der Bande schien, antwortete: „Ganz richtig! Nächtlicherweile, wenn sie in der Stadt schlafen, wollen wir sie überfallen. Sie werden trunken sein vom Weine und wie Schafe in unsere Hände geraten."

„Aber wo, o Hauptmann", sagte ein dritter von der Bande, „sollen wir während des Tages unsere Leute verbergen? Es gibt viele Jäger unter der Jugend des Stammes von Oestrich und leicht können sie uns im Walde bemerken und ihren Stamm gegen uns bewaffnen."

„Dafür habe ich gesorgt", erwiderte der Häuptling. „Ist nicht in der Nähe die dunkle Höhle Oderlins? Wird sie uns nicht vor dem Auge unseres Opfers verbergen?"

Hierauf lachten die Männer und zogen jubelnd ihren Weg weiter durch den Wald. Als sie vorüber waren, stieg Morven vorsichtig vom Baume herab und eilte auf einem breiten Pfade nach dem Tale, welches zwischen dem Walde und dem Flusse sich befand und worin die Stadt lag, in welcher der

Fürst des Landes residierte. Als er an den wehrhaften Männern vorüberging (damals Riesen), lachten sie und schrien, mit den Fingern auf in deutend: „Morven, du Weib! Morven, du Krüppel! Was machst du unter Männern?" Der Sohn Oßlahns war klein von Gestalt und schmächtig und hinkte seit seiner Geburt; aber er ging sorglos durch die Reihen der Krieger. In der Vorstadt kam er zu einem hohen Gebäude, in welchem einige Männer beisammen wohnten, die den König berieten in den Zeiten der Gefahr, oder wenn Misswuchs, Hungersnot oder Dürre den Herrscher in Verlegenheit brachten und die wilden Stirnen seines kriegerischen Volkes umwölkten.

Sie erteilten ihre Ratschläge aus Erfahrung; wenn aber Erfahrung ihnen abging, so nahmen sie in ihrer gläubigen Unwissenheit Zuflucht zu Deutung aus den Winden des Himmels, dem Wechsel des Mondes und dem Fluge der wandernden Vögel. Durch die Stimmen der Elemente und die mannigfachen Geheimnisse, welche auf der Erde ewig wechseln, ungelöst durch die Verwunderung, welche nicht ruht, die Furcht, welche glaubt und das ewige Ergebnis jeder Erfahrung, welches die Wirkung einer Ursache zuschreibt – durch dies alles mit dem Gedanken an höhere Mächte erfüllt, kamen sie ihrer Unwissenheit durch die Vermutungen ihres Aberglaubens zu Hilfe. Aber sie wussten noch nichts von der List und übten keinen freiwilligen Betrug, sondern zitterten vor den Geheimnissen, welche ihr Glaube selbst geschaffen hatte. Sie rieten, was sie selbst glaubten und so alte ergraute Männer hatte nie ein kühner Traum verlockt, ihre Krieger und Könige durch die Kunstgriffe des Truges zu beherrschen.

Der Sohn Oßlahns betrat furchtlos das hohe Gebäude und näherte sich dem oberen Ende der Halle, wo die Greise versammelt waren.

„Wie, niedriggeborener Feigling!", rief der Älteste, seinerzeit ein angesehener Krieger, „wie wagst du es, ohne weiteres in den geheimen Rat der weisen Männer dich zu drängen? Weißt du nicht, du Landstreicher, dass die Todesstrafe darauf gesetzt ist?"

„Erschlage mich, wenn du willst!", erwiderte Morven, „aber höre! Als ich vergangene Nacht unter den Ruinen unseres alten Königspalastes saß und, wie mir mein Vater gebot, die Schafe weidete, damit nicht die wilden Banden Alerichs unversehens von den Bergen herabkommen und die Herden rauben möchten, entstand ein heftiger Sturm; aber als der Sturm vorübergezogen war und ich nach dem Himmel blickte, sah ich einen Stern von seiner Höhe zu mir niedersteigen und eine Stimme von dem Sterne rief zu mir: „Sohn Oßlahns, verlass deine Herde und gehe in den Rat der weisen Männer und sage ihnen, dass sie dich aufnehmen sollen unter ihre Zahl, oder es werde das Verderben plötzlich über sie und die ihrigen hereinbrechen." Aber ich fasste Mut und antwortete der Stimme: „Spotte nicht des armen Hirtensohnes. Siehe, sie werden mich töten, wenn ich so kühne Worte mir erlaube, denn ich bin arm und wertlos in den Augen des Stammes von Oestrich und die durch die Taten Berühmten und durch Alter Ergrauten sitzen allein im Rat der Weisen."

Hierauf sprach die Stimme: „Tue nach meinem Befehl und ich will dir ein Zeichen geben, dass du von den Mächten kommst, welche die Jahreszeiten beherrschen und auf den Fittichen des Windes einherziehen. Sage den weisen Männern, es werde, wenn sie sich weigern dich in ihre Mitte aufzunehmen, noch diese Nacht das Unglück über sie hereinbrechen und ihnen ein blutiger Morgen dämmern."

Die Stimme schwieg und eine Wolke verhüllte den Stern; ich dachte lange darüber nach und kam, o ehrwürdige Väter, trauernd zu euch. Ich fürchte nämlich, ihr würdet mich erschlagen wegen meiner frechen Zunge und ihr würdet mich zum Tode verurteilen, weil ich etwas fordere, das selbst den Söhnen der Könige kaum gestattet würde."

Hierauf blickten die strengen Ältesten einander an und wussten vor Staunen nicht, welche Antwort sie dem Sohne des Hirten geben sollten. Endlich sagte einer der Weisen: „Sicherlich muss Wahrheit sein in dem Sohne des Oßlahns, denn er würde es nicht wagen, die großen Lichter des Himmels zu Lügnern zu machen. Wenn er die Worte des Sterns einem Menschen zugeschrieben hätte, so könnte man mit Recht an ihrer Wahrheit zweifeln. Wer möchte aber die Götter der Nacht zur Rache herausfordern?"

Hierauf nickten die Ältesten billigend mit dem Kopfe; einer jedoch brachte folgende Einrede hervor: „Sollen wir den Sohn Oßlahns als Unseresgleichen aufnehmen? Nein!"

Der Name des Mannes, welcher also antwortete, war Darvan und seine Worte gefielen den Ältesten.

Aber Morven erwiderte: „Wahrlich, ihr Räte des Königs, ich verlange nicht gleichen Rang mit euch einzunehmen; ich will nur die Tore eures Palastes bewachen und euch als Sohn Oßlahns dienen." Dies sprechend beugte er demütig den Kopf.

Hierauf sagte der Oberste der Alten, denn er war weiser als die übrigen: „Aber wie willst du uns von dem Verderben befreien, das kommen soll? Ohne Zweifel hat dir der Stern einen Dienst angegeben, den du uns erweisen kannst, wenn wir dich in unseren Palast aufnehmen, so gut er dir das Unglück genannt haben wird, welches über uns hereinbricht, im Fall wir uns weigern."

Morven antwortete demütig: „Wenn du deinen Diener aufnimmst, so wird der Stern ihn gewiss belehren, womit er dir nützlich sein kann; aber bis jetzt weiß er nur, was er dir bereits gesagt hat." Hierauf baten ihn die Weisen, das er abtreten möchte und sie beratschlagten lange miteinander; denn obwohl sie kühne Männer waren, welche das Kriegsgeschrei eines menschlichen Feindes verachteten, schauderten sie doch über die Prophezeiungen des Sternes. Sie fassten also den Entschluss, den Sohn Oßlahns aufzunehmen und ihn zum Türhüter des Ratsaals zu machen. Er hörte ihre Entscheidung, beugte sein Haupt, ging zu der Tür und setzte sich daneben stille nieder.

Und die Sonne sank im Westen hinab und die ersten Sterne der Dämmerung fingen an zu flimmern, als Morven von seinem Sitz aufsprang und ein Zittern seine Glieder zu ergreifen schien. Seine Lippen schäumten, Zucken und Todesangst kamen über ihn; er krümmte sich wie einer, der vom feindlichen Speere eine tödliche Wunde erhalten und fiel plötzlich mit dem Gesicht auf den steinigen Boden. Die Ältesten kamen herbei und hoben ihn verwundert auf. Wie aus einer Ohnmacht kam er wieder langsam zu sich und sagte mit wild rollenden Augen: „Hörtet ihr nicht die Stimme des Sterns?"

Und der Älteste antwortete: „Nein, wir hörten keinen Laut!"

Hierauf seufzte Morven tief: „An mich allein ging das Wort. Bietet plötzlich, o ihr Ratgeber des Königs! Bietet die Bewaffneten und die ganze Jugend des Stammes auf und lasst sie das Schwert und den Speer ergreifen und eurem Diener folgen. Denn siehe, der Stern hat ihm verkündet, der Feind werde in unsere Hände fallen, wie die wilden Tiere des Waldes."

Der Sohn Oßlahns sprach mit gebieterischer Stimme und die Ältesten waren erstaunt. „Warum zaudert ihr?" rief er. „Lügen die Götter der Nacht? Auf mein Haupt fallen die Verbrechen, wenn ich euch betrüge."

Da beratschlagten sich die Ältesten untereinander und boten sodann die Bewaffneten und die ganze Jugend des Stammes auf; jeder ergriff das Schwert und den Speer und Morven tat desgleichen. Und der Sohn des Oßlahns ging voran, immer nach dem Stern blickend und er ermahnte sie, stille zu sein und mit leisen Schritten einherzuschreiten.

So zogen sie durch das Dickicht des Waldes, bis sie zum Eingang einer großen, mit alten, struppigen Bäumen überwachsenen Höhle kamen, welche die Höhle Oderlins hieß und er gebot den Führern, sie sollten die Bewaffneten auf beiden Seiten der Höhle, zur Rechten und zur Linken, im

Gebüsch aufstellen.

So standen sie schweigend auf der Lauer bis die Nacht finster wurde, als sie ein Geräusch in der Höhle und Fußtritte hörten und heraus kam ein Bewaffneter; aber Morvens Speer durchbohrte ihn und er fiel tot am Eingang der Höhle nieder. Ein Zweiter und ein Dritter hatten das gleiche Schicksal. Hierauf erschallte lang und laut das Kriegsgeschrei Alerichs und heraus stürzte, wie ein Fluss über ein enges Bett, der Strom der Bewaffneten. Und die Söhne von Ostrich fielen über sie her und der Feind geriet in ein gewaltiges Gedränge; denn die Raschheit des Angriffs und die Dunkelheit der Nacht verbreiteten Schrecken unter seinen Reihen und es entstand ein großes Gemetzel.

Als der Morgen anbrach, zählten die Kinder von Oestrich die Erschlagenen und fanden unter ihnen den Führer von Alerich und die Hauptleute des Stammes, weshalb große Freude sich ihrer bemächtigte. Im Triumphe zogen sie nach der Stadt und trugen Oßlahns wackeren Sohn auf den Schultern, unter dem Jubelruf: „Ehre dem Diener des Sterns!"

Und Morven saß im Rat der Weisen.

Nun hatte der König des Stammes eine Tochter und sie war stattlich unter den Weibern des Stammes und schön vom Ansehen. Und Morven blickte sie an mit den Augen der Liebe; aber sein Herz wagte es nicht, mit ihr zu sprechen.

Der Sohn Oßlahns lachte heimlich über die Torheit der Menschen; er liebte sie nicht, denn sie hatten ihn verspottet; er achtete sie nicht, denn er hat die Weisesten unter den Alten getäuscht. Er mied ihre Feste und Ergötzlichkeiten und führte ein einsames Leben. Diese Zurückgezogenheit erhöhte die geheimnisvolle Huldigung, welche sein Umgang mit den Sternen ihm verschafft hatte und die kühnsten der Krieger beugten ihr Haupt vor dem Liebling der Götter.

Eines Tages wandelte er am Ufer des Flusses und sah einen großen Raubvogel vom Wasser sich erheben und auf einen Habicht Jagd machen, der die volle Flugkraft seiner Schwingen noch nicht erlangt hatte. Seit früher Jugend pflegte der stille Morven in den großen Wäldern und an den Ufern des mächtigen Stroms die Gewohnheiten der Wesen zu beobachten, welche die Natur den Menschen unterworfen hat, und als er jetzt die Vögel erblickte, sagte er zu sich selbst: „So geht es immer; durch List oder durch Gewalt sucht jedes Geschöpf seinesgleichen zu bemeistern." Während dieser Betrachtung hatte der größere Vogel den Habicht niedergestoßen und dieser fiel erschrocken und keuchend zu Morvens Füßen. Morven nahm den Vogel ihn seine Hände und der Geier erhob sein lautes Geschrei über ihn und näherte sich, immer engere Kreise ziehend, seiner beschützen Beute; aber Morven verscheuchte den Geier, trug den Habicht in seinem Busen nach Hause, pflegte ihn sorgfältig, fütterte ihn mit seiner eigenen Hand, bis er seine Kräfte wieder erlangt hatte und der Habicht kannte ihn und folgte ihm wie ein Hund. Morven sprach lächelnd zu sich selbst: „Siehe, die leichtgläubigen Toren schauen nach dem Fluge und der Bewegung der Vögel. Ich will diesen armen Habicht lehren, dass er meinen Zwecken dient." Er zähmte also den Vogel und richtete ihn seiner Natur gemäß ab; aber er verbarg ihn sorgfältig vor anderen und pflegte ihn nur im Geheimen.

Der König des Landes war alt und dem Tode nahe und die Augen blickten auf seine beiden Söhne, von denen man nicht wusste, welcher der Herrschaft am würdigsten sei.

Morven ging eines Abends durch den Wald und sah den jüngeren von beiden, der ein großer Jäger war, traurig unter einer Eiche sitzen und mit nachdenklichen Augen zur Erde schauen.

„Worüber sinnst du hier nach, o schnellfüssiger Siror?" sagte der Sohn Oßlahns, „und warum bist du so traurig?"

„Du kannst mir nicht helfen", erwiderte der Prinz mit barschem Tone; „geh deines Weges!"

„Nein!", antwortete Morven. „Du weißt nicht, was du sagst; bin ich nicht der Liebling der Sterne?"

„Hinweg! Ich bin kein Graubart, den die Nähe das Todes albern macht; sage mir nicht von den Sternen, ich kenne bloß diejenigen Dinge, welche mein Auge sieht und mein Ohr hört."

„Still!" sagte Morven feierlich und bedeckte sein Gesicht; „still, oder der Himmel möchte deine trotzige Rede rächen; aber siehe, die Sterne haben mir Macht verliehen, die Geheimnisse des menschlichen Herzens zu durchschauen und ich kann dir die Gedanken des Deinigen sagen."

„Sage sie, Niedrigeborener!"

„Du bist der Jüngere von Zweien und dein Name ist im Kriege weniger bekannt als der Name deines Bruders und doch möchtest du über ihn erhoben werden und auf dem Thron deines Vaters sitzen."

Der Jüngling wurde bleich. „Du hast Wahrheit auf deinen Lippen" sprach er mit zitternder Stimme.

„Nicht von mir, sondern von den Sternen kommt die Wahrheit."

„Können die Sterne meinen Wunsch erfüllen?"

„Sie können es; morgen treffen wir uns wieder." Also sprechend ging Morven in den Wald.

Am nächsten Tag um die Mittagstunde kamen sie wieder zusammen.

„Ich habe die Götter der Nacht um Rat gefragt und sie haben mir die Gewalt, um die ich bat, verliehen, aber unter einer Bedingung."

„Nenne sie."

„Du sollst deine Schwester auf ihren Altären opfern; du sollst einen Steinhaufen errichten und deine Schwester in den Wald nehmen, sie auf den Steinhaufen legen und dein Schwert in ihre Brust stoßen, so allein wirst du regieren."

Der Prinz schauderte, erhob sich und zückte seinen Speer gegen Morvens bleiche Stirn.

„Zittere", sprach der Sohn Oßlahns mit lauter Stimme, „höre auf die Götter, welche dich mit Tod bedrohen, weil du es gewagt hast, deinen Arm gegen ihren Diener zu erheben."

Während er so sprach, rollte der Donner über ihnen, denn es war einer der häufigen Gewitterstürme des beginnenden Sommers ausgebrochen. Der Speer fiel dem Prinzen aus der Hand; er setzte sich und heftete seine Augen auf den Boden.

„Willst du den Befehl der Sterne erfüllen und regieren?" sagte Morven.

„Ich will", rief Siror mit verzweiflungsvollem Tone.

„Diesen Abend also, wenn die Sonne untergeht, sollst du deine Schwester allein hierherbringen; ich kann dich nicht begleiten. Jetzt lass uns den Steinhaufen errichten."

Schweigend ergriff der Jäger mit seiner ganzen ungeheuren Stärke die Felsenstücke, welche Morven ihm zeigte; sie bauten den Altar und jeder ging dann seines Weges.

Herrlich ist das Verscheiden der großen Sonne, wenn der letzte Gesang der Vögel in den Schoß des Schweigens versinkt, wenn die Wolkengefilde sich im Lichte baden und der erste Stern über dem Grabe des Tages aufgeht!

„Wohin führst du mich, mein Bruder?" fragte Orna, „warum zittert deine Lippe? Und warum wendest du dein Gesicht hinweg?"

„Ist der Wald nicht schön und lockt er uns nicht weiter?"

„Und wozu dienen diese Steinhaufen?"

„Das mögen andere dir sagen, ich errichtete sie nicht."

„Du zitterst, Bruder, wir wollen umkehren."

„Nein, bei diesen Steinen liegt ein Vogel, den mein Speer heute durchbohrt hat; ein Vogel mit wundervollen Gefieder, den ich für dich erlegte."

„Wir sind hier beim Steinhaufen; wo hast du den Vogel hingetan?"

„Hier!" rief Siror und er nahm die Jungfrau in seine Arme, legte sie auf den rohen Altar, ergriff das Schwert und wollte ihr das Herz durchstoßen. Gerade über den Steinen erhob sich eine riesige Eiche, schon viele Jahrhunderte alt und von der Eiche oder dem Himmel herab erschallte eine laute feierliche Stimme: „Halt inne, du Königssohn! Die Sterne schonen ihr Eigentum; du sollst das Mädchen nicht töten und dennoch über den Stamm von Oestrich regieren; aber Orna sollst du als Braut dem Liebling der Sterne geben. Erhebe dich und gehe deines Weges!"

Die Stimme schwieg. Der Schrecken hatte Ornas Lebensgeister für einen Augenblick überwältigt und Siror trug sie in seinen starken Armen durch den Wald nachhause.

„Ach", sagte Morven, als er am nächsten Tag den ehrgeizigen Prinzen wiedertraf, „ach die Sterne haben mir ein Los beschieden, wonach mein Herz nicht verlangt; denn stets in Zurückgezogenheit lebend und krüppelhaft an Gestalt, bin ich unempfindlich gegen die Flammen der Liebe und habe immer, wie du und dein Stamm weiß, die Augen der Weiber gemieden, denn die Mädchen lachten über meinen hinkenden Schritt und meine düsteren Gesichtszüge. So lernte ich schon frühzeitig alle Liebesangelegenheiten verbannen. Aber seit dem die Sterne – wie sie dir erklärten – mir die Weisung gaben, dass du, o teuerster Prinz, nur durch diese Heirat die Federkrone deines Vaters erlangen könnest, bin ich bereit, mich in ihrem Willen zu fügen."

„Aber", sage der Prinz „erst wenn ich König bin kann ich dir meine Schwester zur Ehe geben; denn du weißt, dass mein Vater, der König, mich zu Staub zermalmen würde, wenn ich von ihm verlangte, er solle die Blume unseres Stammes dem Sohne des Hirten Oßlahns geben."

„Du sprichst Worte der Wahrheit. Gehe heim und fürchte dich nicht; aber wenn du König bist, so muss das Opfer gebracht und Orna die Meinige werden. Ach! Wie kann ich es wagen, meine Augen zu ihr zu erheben! Aber so verlangen es die furchtbaren Götter der Nacht! Wer darf ihrem Worte widersprechen?"

„An dem Tage, wo ich König werde, wird Orna die deine", erwiderte der Prinz.

Morven wandelte seiner Gewohnheit nach allein weiter und sagte zu sich selbst: „Der König ist zwar alt, doch kann er noch lange zwischen mir und meiner Hoffnung leben!" Und er begann darüber nachzudenken, wie er diese Zeit abkürzen könnte. In solche Gedanken vertieft, wandelte er achtlos weiter bis die Nacht heranrückte und er seinen Pfad in dem dichten Wald verloren hatte und den Heimweg nicht mehr finden konnte. Er legte sich also ruhig unter einem Baum, bis der Morgen dämmerte. Dann kam der Hunger über ihn und er suchte im Gebüsch nach solchen schlichten Wurzeln, womit er – denn er kümmerte sich wenig um Nahrung – gewöhnlich die Forderungen der Natur befriedigt.

Unter bekannten Kräutern und Wurzeln fand er auch eine rote Beere von süßem Geschmack, welche er früher noch nie gesehen hat. Morven aß nur wenig davon und kaum hatte er einige Schritte im Walde weiter getan, als ihm vor den Augen flimmerte und eine tödliche Krankheit ihn zu befallen drohte. Mehrere Stunden lang lag er in Krämpfen auf der Erde und erwartete den Tod; aber die Magerkeit seines Körpers und seine unveränderliche Mäßigkeit siegten über das Gift und er genas nach einer großen Beängstigung allmählich wieder. Mit schwachen Schritten kehrte er an den Ort zurück, wo die Beeren wuchsen. Nachdem er mehrere derselben gepflückt hatte, verbarg er sie in seinem Busen und gelangte mit Einbruch der Nacht in die Stadt.

Am nächsten Morgen ging er zu seines Vaters Herde und nötigte ein Lamm, einige von den Beeren zu fressen; das Lamm sprang hierauf davon und fiel bald nachher tot nieder. Sodann kochte Morven eine gute Portion von den Beeren, vermischte den Saft mit Wein und gab dem Wein heimlich einen von seines Vaters Knechten zu trinken und der Knecht starb.

Nun ging Morven zu dem Könige, und als er allein vor ihm gelassen wurde, sprach er zu ihm: „Wie befindet sich der Herr?"

Der König saß auf einem Lager aus Wollfellen und sein Auge war gläsern und trübe; aber gewaltig waren seine betagten Glieder, riesenhaft seine Gestalt und er war um einen Kopf höher gewesen denn die Kinder der Menschen und niemand vermochte den Bogen zu spannen, den er in seiner Jugend gespannt hatte. Grau, hager, verkommen, wie jene riesigen Knochen, die bisweilen aus dem Schoße der Erde gegraben werden, war der König nur noch ein ein Überrest alter Kraft.

Und der Fürst sagte mit schwacher Stimme und geisterhaftem Lächeln: „Männer von meinem Alter geht es schlimm. Was hilft mir meine Kraft? Lieber wäre ich als ein Krüppel geboren, wie du, dann dürfte ich in meinen alten Tagen nichts bedauern."

Eine Röte überflog Morvens Gesicht, aber er verbeugte sich demütig: „O König! Wie, wenn ich dir deine Jugend zurückgeben, wie, wenn ich dir jene Kraft zurückgeben könnte, wodurch du dich vor den Söhnen der Menschen auszeichnetest, als die Krieger von Alerich gleich dem Grase durch dein Schwert fielen?"

Der König erhob seine verdunkelten Augen und sagte: „Wie meinst du, Sohn Oßlahns? Ich höre viel von deiner großen Weisheit und dass du nächtlicher Weile mit den Sternen sprichst. Können die Götter der Nacht dir das Geheimnis mitteilen, das Alter wieder jung zu machen?"

„Versuche sie nicht durch Zweifel", erwiderte Morven ehrfurchtsvoll. „Alle Dinge sind den Beherrschern der finstern Stunde möglich, und siehe! Der Stern, welcher deinen Diener liebt, sprach zu ihm in der Stille der Nacht: „Stehe auf und gehe zu dem König und sage ihm, dass die Sterne den Stamm von Oestrich ehren und daran denken, wie der König seinen Bogen spannte gegen die Söhne von Alerich; daher siehe nach unter dem Steine, welche rechts von deiner Wohnung – gerade neben dem Tannenbaume – liegt und du wirst ein irdenes Gefäß finden und in dem Gefäß einen süßen Saft; dieser wird dem König, deinem Herrn, sein Alter für immer vergessen machen." Als nun der Morgen anbrach, mein Herr, da ging ich hinaus und sah nach unter dem Steine und fand das irdene Gefäß und ich habe es hierher zu meinem Herrn, dem Könige, gebracht."

„Schnell! Sklave, schnell! Ich will davon trinken und meine Jugend wieder erlangen."

„Nein, höre o König! Der Stern sprach weiter zu mir: „Nur bei Nacht, wenn die Sterne Gewalt haben, wird diese Gabe etwas nützen; daher muss der König warten bis zur Stille der Mitternacht, wenn der Mond hoch am Himmel steht, dann mag er den Saft mit seinem Weine mischen. Aber er darf es niemand offenbaren, dass er die Gabe aus der Hand des Dieners der Sterne empfangen hat. Denn sie tun ihr Werk im Verborgenen und wenn die Menschen schlafen, daher lieben sie nicht das Geplapper der Mäuler, und der, welcher ihre Wohltaten nicht verschweigt, wird sicherlich sterben."

„Sei ohne Sorge", sprach der König, nach dem Gefäße greifend; „Niemand soll es erfahren und siehe, morgen werde ich jünger aufstehen als meine beiden Söhne, welche um meine Krone sich streiten!" Hierauf lachte der König laut, dankte kaum den Diener der Sterne und versprach ihm auch keine Belohnung; denn in jener Zeit dachten die Könige fast nur an sich selbst. Und Morven sagte zu ihm: „Soll ich meinem Herrn nicht zur Seite bleiben, denn ohne mich könnte der Trank vielleicht seine Wirkung verfehlen."

„Ja", sprach der König, „bleibe hier!"

„Nein", erwiderte Morven, „deine Diener werden sich wundern und viel darüber reden, wenn sie den Sohn Oßlahns in deinem Palaste weilen sehen. Dadurch könnte vielleicht das Missfallen der Götter der Nacht erregt werden. Gestatte, dass die Hintertür deines Palastes unverschlossen bleibt, dann werde ich, wenn der Mond mitten am Himmel steht, unvermerkt in dein Gemach schleichen und den Saft mit deinem Weine mischen."

„So sei es" sagte der König. „Du bist weise, obwohl deine Glieder krumm und kurz sind und die Sterne einen größeren Mann hätten wählen können." Hierauf lachte der König wieder und Morven lachte auch; aber es lag etwas gefährliches in der Freude Oßlahns.

Die Nacht begann abzunehmen und die Bewohner Oestrichs waren in tiefen Schlaf versunken, als eine laute Stimme durch die Straßen rief: „Wehe! Wehe! Wachet auf, ihr Söhne von Oestrich, wehe!" Hierauf stürzten wild, bleich und erschrocken, mit dem Speer in der Hand, die Riesensöhne des rauhen Stammes aus ihren Wohnungen und sahen einen Mann auf einer Anhöhe in der Stadt, welcher „wehe" rief und es Morven, der Sohn Oßlahns. Und er sagte zu ihnen, als sie sich um ihn scharten: „Männer und Krieger, zittert vor dem was ihr nun höret. Der Stern des Westens hat also zu mir gesprochen: „Unglück soll kommen über das königliche Haus von Oestrich, ja ehe der Morgen dämmert; deshalb gehe wehklagend durch die Straßen und verkünde den Einwohnern das Unheil!" Ich erhob mich also und tat, wie der Stern mir geboten." Während Morven noch sprach, kam ein Diener aus dem königlichen Palast und rief der versammelten Menge zu: „Der König ist tot!" Sie gingen nun in den Palast und fanden den König starr auf seinem Lager und seine riesigen Glieder krampfhaft zusammengekrümmt durch die Todesqualen und seine Hände geballt wie zur Drohung gegen einen Feind – den Feind alles lebendigen Fleisches. Nun kam Furcht über alle, die es sahen, und sie blickten auf Morven mit ehrerbietigerer Scheu, als der kühnste Krieger je hätte hervorrufen können. Sie trugen ihn zurück nach der Ratshalle der weisen Männer, jammernd und ihre Waffen zum Zeichen der Trauer zusammenschlagend, unter dem öfteren Rufe: „Ehre Morven, dem Propheten!" Und damals zuerst wurde das Wort Prophet in jener Gegend gebraucht.

Am dritten Tage nach dem Tode des Königs kam Siror um Mittag zu Morven und sagte: „Siehe, mein Vater lebt nicht mehr und das Volk schreitet diesen Abend nach Sonnenuntergang zur Wahl seines Nachfolgers; gewiss werden nun die Krieger und die jungen Leute meinen Bruder wählen, denn er ist bekannter im Kriege. Verlass mich deshalb nicht."

„Schweig, Knabe", sagte Morven im strengen Tone; „Wage es nicht, die

Wahrhaftigkeit der Nachtgötter zu bezweifeln." Morven begann jetzt auf seine Gewalt unter dem Volke zu pochen und die Sprache eines Herrschers zu führen, selbst gegen die Söhne des Königs. Er brachte den ungestümen Siror zum Schweigen und dieser wagte nicht mehr ein Wort zu erwidern.

„Siehe", sprach Morven und zog einen farbigen Federbusch hervor; „Trage diesen auf deinem Haupt und blicke mutig drein, denn das Volk liebt einen hoffnungsvollen Geist. Geh mit deinen Brüdern hinunter auf den Platz, wo der neue König gewählt wird und überlass den Sternen das Übrige. Aber vor allem vergiss nicht diesen Federbusch, er ist von den Göttern der Nacht geweiht."

Der Prinz nahm den Federbusch und kehrte nach Hause zurück.

Es war Abend und die Krieger und Häuptlinge des Stammes hatten sich auf dem Platze versammelt, wo der neue König gewählt werden sollte. Und die Stimmen der meisten begünstigten den Prinzen Voltoch, den Bruder Sirors, denn er hatte 12 Feinde mit einem Speer getötet und in jenen Tagen wurde dies einem König als großen Verdienst angerechnet.

Plötzlich entstand ein Geschrei in den Straßen und das Volk rief: „Platz für Morven, den Propheten. Platz für den Propheten!" Das Volk hegte noch größere Ehrfurcht vor dem Sohne Oßlahns, als selbst vor seinen Häuptlingen. Seit er die Aufmerksamkeit auf sich gelenkt, hatte Morven so eine majestätische Miene angenommen, wie der Sohn des Hirten in seinen früheren Tagen sie niemals kannte und obwohl er klein von Gestalt war und noch dazu hinkte, so lag doch Ernst und Hoheit in seiner Miene. Er allein unter dem Stamme trug ein Gewand, das den Boden berührte; sein Haupt war blass, sein langes, schwarzes Haar reichte bis zum Gürtel herab und selten bemerkte man eine Veränderung oder eine menschliche Leidenschaft auf seinem ruhigem Gesichte. Er wohnte keinen Festgelagen bei, trank keinen Wein und ließ sich selten auf der Straße sehen. Er lachte und lächelte nicht, außer wenn er alleine im Walde war – und dann lachte er über die Torheit seines Stammes.

So schritt er langsam durch die Menge, sich weder rechts noch links wendend, während das Volk platz machte und er stützte seine Schritte mit einem knotigen Fichtenstab.

Als Morven an die Stelle kam, wo die Häuptlinge versammelt waren und die beiden Prinzen in der Mitte standen, bat er das Volk, ringsumher Stille zu gebieten. Sodann bestieg er ein großes Felsenstück und sprach also zu der Menge:

„Prinzen, Krieger und Barden! Ihr weisen Ratgeber und ihr, o Jäger des

Waldes und Angler des Stromes, hört auf Morven, den Sohn Oßlahns. Ihr wisst, dass ich niedrig von Abkunft und schwach am Körper bin, aber gab ich nicht den Stamm von Alerich in eure Hände und erschluget ihr nicht die Feinde im Dunkel der Nacht und richtet ein großes Blutbad an? Sicherlich seid ihr fest davon überzeugt, dass der Sohn des Hirten dieses nicht von sich selbst hat, sondern als das Werkzeug der glänzenden Götter handelt, welche die Kinder von Oestrich lieben. Hörte man nicht vor drei Nächten, als Schlummer auf der Erde lag, meine Stimme in den Straßen? Rief ich nicht Wehe über das Königreich von Oestrich? Und es ist der dunkle Arm auf die Brust des Mächtigen gefallen, der nicht mehr ist. Konnte mir so etwas nur ein Traum eingegeben haben, oder war ich nicht die Stimme der glänzenden Götter, welche über dem Stamm von Oestrich wachen? Deshalb, o Männer und Häuptlinge, verachtet nicht den Sohn Oßlahns, sondern höret auf seine Worte; denn, sind sie nicht die Weisheit der Sterne? Seht, gestern nachts saß ich alleine im Tale und die Bäume schwiegen rings umher und kein Lüftchen bewegte ihre Zweige und ich blickte auf zu dem Sterne, der dem Sohn Oßlahns Rat erteilt und sagte: „Furchtbarer Beherrscher der Wolken, der du deine Schönheit in den Strömen badest und mit deinem Lichte die Tannenzweige durchdringst, siehe deinen Diener, wie er trauert, weil der Mächtige dahin gegangen ist und viele Feinde die Häuser meiner Brüder umgeben; es wäre gut, dass sie einen tapferen, im Kriege glücklichen und von den Sternen geliebten König hätten. Deshalb, o Stern, der du die Krieger von Alerich in unsere Hände gabst und warnend uns den Fall der Eiche unseres Stammes verkündetest, deshalb bitte ich dich, du möchtest unserem Volke ein Zeichen geben, dass sie denjenigen zum König wählen, welchen die Götter der Nacht vorziehen!" Hierauf tönte lieblicher als die Musik der Barden eine Stimme durch die Stille der Nacht: „Deine Liebe zu deinem Stamme ist den Sternen angenehm; gehe also, du Sohn Oßlahns, in die Versammlung der Häuptlinge und des Volkes, wo man einen König wählt und sage ihnen, sie sollen dich nicht verachten, weil du langsam auf der Jagt und unbekannt im Kriege bist; denn die Sterne haben dir als Ersatz für alles Weisheit verliehen. Sage dem Volke, dass, wie die weisen Räte ihre Belehrung aus dem Fluge der Vögel schöpfen, so soll ihnen durch den Flug der Vögel ein Zeichen gegeben werden, dass sie ihren König danach wählen. Denn, sagte der Stern der Nacht, die Vögel sind die Kinder der Winde; sie ziehen durch den Ozean der Luft hin und her und besuchen die Wolken, welche Kriegsschiffe der Götter sind. Und ihr Gesang besteht nur aus den Bruchstücken der Melodien, welche sie von den Harfen da droben hören. Sind sie nicht die Boten des Sturms? Wisst ihr nicht aus den Klagetönen der Vögel und ihrem niedrigen Kreisflug über der Erde, dass ein Ungewitter nahe ist, noch ehe der Strom gegen seine Ufer braust? Daher urteilt ihr mit Recht, dass die Kinder Luft die besten Dolmetscher sind zwischen den Söhnen der Menschen und und den Herrn der Welt da droben. Sage also zu dem Volke und den Häuptlingen, sie sollen von den Tauben, die im Dache des Palastes nisten, eine weiße Taube nehmen und sie in der Luft fliegen lassen und die Götter der Nacht werden die Taube als ein Gebet betrachten, das von dem Volke kommt und werden einen Boten senden, um die Bitte zu gewähren und dem Stamme von Oestrich einen König geben, der seiner würdig ist." Weiter sprach der Stern nichts."

Jetzt murrten die Freunde Voltochs und sagten: „Soll dieser Mann uns einen König vorschreiben?" Aber das Volk und die Krieger jauchzten Beifall und riefen: „Höret auf den Stern; beginnen oder vermeiden wir nicht ein Schlacht nach dem Fluge der Vögel? Sollen wir nicht nach dem gleichen Zeichen denjenigen wählen, der die Schlacht leitet?" Dieser Vorschlag deuchte ihnen ganz naturgemäß, denn er stimmte mit den Gewohnheiten des Stammes überein. Hierauf nahmen sie eine von den Tauben, die in dem Dache des Palastes nisteten und brachten sie an den Ort, wo Morven stand. Dieser blickte auf zu den Sternen, murmelte einige Worte und lies den Vogel fliegen.

Nicht weit davon entfernt war ein junges Gehölz und als die Taube aufstieg, erhob sich plötzlich ein Habicht aus dem Gehölz und verfolgte dieselbe. Die Taube war erschreckt und schwebte hoch über dem Volke in kreisförmigem Fluge herum, als der Habicht einige Augenblicke sich auf seinen Schwingen wiegend plötzlich seine Beute nicht länger verfolgte, sondern auf das befiederte Haupt Sirors herabfuhr.

„Seht!" rief Morven mit lauter Stimme. „Seht euren König!"

„Heil dem König!" jauchzte das Volk. „Heil dem Erkorenen der Sterne!"

Jetzt erhob Morven seine rechte Hand und der Habicht verließ den Prinzen und flog auf Morvens Schulter. „Vogel der Götter!" sagte er ehrerbietig: „Hast du nicht eine geheime Botschaft für mein Ohr?" Dann legte der Habicht seinen Schnabel an Morvens Ohr und Morven beugte sein Haupt ehrfurchtsvoll. Von diesem Augenblicke an blieb der Vogel bei ihm und wollte sich nicht mehr hinwegscheuchen lassen. Und Morven sagte: „Die Sterne haben mir diesen Vogel gesandt, dass ich bei Tage, wenn ich sie nicht sehe, nie ohne einen Ratgeber im Unglück bin."

35

So wurde Siror König und Morven, der Sohn Oßlahns, musste nach den Willen des Königs Orna zum Weibe nehmen; und das Volk und die Häuptlinge ehrten Morven, den Propheten, vor allen Ältesten des Stammes. Eines Tages sagte Morven nachdenklich zu sich selbst: „Bin ich nicht bereits dem König gleich? Ja, ist nicht der König mein Diener? Setzte ich ihn nicht über die Häupter seiner Brüder? Bin ich deshalb nicht geschickter zur Regierung als er? Soll ich ihn daher nicht von seinem Throne stoßen? Es ist ein mühevolles, unsicheres Amt, über die wilden Männer von Oestrich zu herrschen, in der vollen Halle zu schmausen und die Krieger in den Kampf zu führen. Wenn ich aber nicht schmauste, noch in den Krieg auszöge, könnten sie sagen, dies ist kein König, sondern der Krüppel Morven und einige von dem Stamme Sirors erschlügen mich heimlich. Aber kann ich nicht weit größer sein als Könige und dieselben fortwährend wählen und beherrschen, wenn ich, wie jetzt, nach meiner Bequemlichkeit lebe? Wahrlich, die Sterne sollen mir einen neuen Palast und viele Untertanen geben."

Unter den Weisen war Darven und Morven fürchtete ihn, denn sein Auge spähte oft den Ränken des Sohns Oßlahns nach.

Und Morven sagte: „Es wäre besser, diesen Mann in das Geheimnis zu ziehen, als ihn zu hintergehen, denn ich brauche einen Gehilfen und Freund." Er sagte also zu dem Weisen, als er allein dasaß und die untergehende Sonne betrachtete: „Es scheint mir, o Darven, wir sollten ein großes Gebäude zur Ehre der Sterne errichten und das Gebäude sollte herrlicher sein als alle Paläste der Häuptlinge, ja selbst als der Palast des Königs, denn sind nicht die Sterne unsere Herrn? Und du und ich sollten die Hauptbewohner in diesem neuen Palaste sein, und wir wollen den Göttern der Nacht dienen und ihre Altäre mit dem Auserlesensten der Herde und den lieblichsten Früchten der Erde bedecken."

Und Daven sagte: „Du sprichst, wie es dem Diener der Sterne geziemt; aber wird das Volk ein solches Gebäude erbauen helfen? Denn es ist ein kriegerischer Stamm, der die Arbeit nicht liebt."

Und Morven antwortete: „Ohne Zweifel werden die Sterne das Werk gebieten, sei deshalb unbesorgt."

„Du bist in Wahrheit ein wunderbarer Mann. Deine Worte treffen immer ein", erwiderte Darvan: „und ich wünschte, mein Freund, du möchtest mich die Sprache der Sterne lehren."

„Ja, wenn du mir dienst, so sollst du sie kennen", sagte der stolze Morven; und Darvan war heimlich erbittert, dass der Sohn eines Hirten von einem

Ältesten und Häuptling Dienst verlangte.

Als Morven zu seiner Gemahlin heimkehrte, fand er sie in Tränen gebadet. Sie liebte den Sohn Oßlahns ausnehmend, denn er war nicht wild und rauh wie die Männer, welche sie bisher kennen gelernt hatte, und sie war stolz auf seinen Ruhm unter dem Volke. Er nahm sie in seine Arme, küsste sie und fragte, warum sie weine. Dann erzählte sie ihm, ihr Bruder, der König, habe sie besucht und bittere Worte gegen Morven geäußert: „Er bringt mich um die Neigung meines Volkes", habe Siror gesagt, „und blendet dasselbe mit Lügen. Er hat mich zum König gemacht; wie, wenn er mir wieder den Thron nehmen wollte? Kann nicht ein neues Märchen von den Sternen das alte verdrängen?" Und der König befahl seiner Schwester, sie solle Morvens Geheimnis nachforschen und sehen, ob er die Wahrheit rede, wenn er sich des Umgangs mit den Mächten der Nacht rühme.

Aber Orna liebte Morven mehr als Siror, deshalb erzählte sie ihrem Gemahle alles.

Und Morven beklagte sich sehr über die Undankbarkeit des Königs und war nicht wenig bekümmert, denn ein König ist ein mächtiger Feind. Aber er tröstete Orna und riet ihr, sich zu verstellen und sich auch bei ihrem Bruder über ihn zu beklagen, damit derselbe ihr arglos anvertrauen möchte, was er etwa gegen Morven im Schilde führe.

Neben Morvens Haus war eine Höhle, in welchem er den heiligen Habicht verbarg und worin er heimlich noch andere Vögel für zukünftige Notfälle aufzog. Die Türe der Höhle war fortwährend verschlossen. Als er eines Tages daselbst die Vögel abrichtete, erblickte er eine Ritze in der Wand, die er früher nie gesehen hatte und die Sonne schien lustig herein. Da sah er, dass der Sonnenstrahl verdunkelt wurde und alsbald gewahrte er ein menschliches Gesicht, welches durch die Ritze hereinschaute. Morven zitterte, denn er wusste nun, dass man ihm belauert hatte. Hastig sprang er aus der Höhle, aber der Späher war unter den Bäumen verschwunden und Morven ging geradewegs nach der Wohnung Darvans und setzte sich daselbst nieder. Darvan kehrte erst spät zurück und erbleichte, als er Morven sah. Aber Morven grüßte ihn als Bruder und lud ihn zu einem Feste ein, das er zum ersten Male bei Vollmond zu Ehren der Sterne geben wollte. Und von Darvans Wohnung kehrte heim zu seiner Gemahlin und befahl ihr, sie solle sich das Haar zerraufen und in der Dämmerung zu ihrem Bruder, dem König, gehen und sich bitterlich über Morvens Misshandlung beklagen, um dadurch die schwarzen Pläne aus der Brust des Königs zu locken. „Denn gewiss" sagte er „hat Darvan deinen Bruder belogen und es wartet irgend ein Unglück auf mich, das ich gerne wissen möchte."

Am nächsten Morgen suchte Orna den König auf und sprach: „Der Sohn des Hirten hat mich geschmäht und harte Worte zu mir gesprochen; wird mir keine Rache dafür?"

Da stampfte der König mit dem Fuße und schüttelte sein gewaltiges Schwert. „Gewiss sollst du gerächt werden; denn ich habe von einem der Ältesten gehört, was mich überzeugt, dass der Mann das Volk hintergangen hat und der Niedriggeborne muss sterben. Ja, sobald er allein in den Wald geht, will ich mit meinem Bruder ihn überfallen und ihn töten."

Mit diesem Troste entließ Siror seine Schwester. Orna warf sich zu den Füßen ihres Gemahls und flehte: „Flieh, o flieh, mein Geliebter, flieh in die Wälder, fern von meinen Brüdern, oder sicherlich wird das Schwert Sirors deine Tage endigen." Hierauf kreuzte der Sohn Oßlahns seine Arme und schien in schwarze Gedanken versunken. Er achtete nicht auf die Stimme Ornas, bis sie ihn wieder und wieder zur Flucht mahnte.

„Fliehen!" sprach er endlich. „Nein, ich sann nur über die Strafe nach, welche die Sterne über unsere Feinde kommen lassen sollen. Die Krieger mögen fliehen; Morven der Prophet, kämpft mit stärkeren Waffen als mit dem Schwerte."

Dessen ungeachtet konnte sich Morven der Bestürzung nicht erwehren und er fand lange kein Mittel, der Rache des Königs zu entgehen. Während er nun hoffnungslos darüber nachdachte, hörte er das Brausen des Wassers. Der Strom – denn es war gerade zu Ende des Herbstes – hatte seine Ufer überschritten und stürzte über das Tal gegen die Häuser der Stadt hin. Jetzt kamen die Männer, die Weiber und Kinder und schrien mit lautem Wehklagen vor Morvens Wohnung: „Siehe, der Strom ist über uns hereingebrochen! Rette uns, o Beherrscher der Sterne!"

Ein rascher Gedanke durchzuckte Morven und er beschloss, sein Schicksal an einen verzweifelten Plan zu setzen. Ruhig und düster trat er aus dem Hause und sprach: „Ihr wisset nicht, was ihr fordert; ich kann euch nicht aus dieser Gefahr retten, denn ihr habt sie selbst über euch gebracht!"

Und sie schrien: „Wie? O Sohn Oßlahns! Wir wissen von keinem Verbrechen."

Und er antwortete: „Geht hinunter zum Palast des Königs und wartet vor demselben; ich werde euch folgen und dann sollt ihr erfahren, warum die Götter die Strafe über euch verhängt haben."

Hierauf zog sich die Volksmenge tobend wie die Meeresebbe zurück und als sie den Platz verlassen, ging Morven allein nach dem Haus Darvans, welches dem seinigen zunächst lag und Darvan schwebte in großer Angst, denn er war hochbetagt und hatte weder Kind noch Freunde, weshalb er fürchtete, nicht allein dem Wasser entgehen zu können. Und Morven sprach tröstend zu ihm: „Siehe, das Volk liebt mich und ich will sehen, dass du gerettet wirst: Denn du bist sehr freundlich gegen mich gewesen und hast mir manchen Dienst beim König geleistet."

Als er so sprach, öffnete Morven die Türe des Hauses, blickte hinaus und sah, dass sie ganz allein waren. Dann ergriff er den alten Mann bei der Kehle und würgte ihn solange, bis er völlig tot war. Morven lies den Leichnam des Ältesten auf den Boden liegen, schlich aus dem Hause und verschloss das Tor. Als er nachdenklich auf seine Höhle zuging, hörte er immer näher und näher das gewaltige Brausen der Wogen und in der Ferne das Jammergeschrei der Weiber; da erhob er sein Haupt und sagte stolz: „Nein! In dieser Stunde soll der Schrecken allein mein Diener sein; keine List, nur die Macht meiner Seele will ich zur Hilfe nehmen." Auf seinen Fichtenstab gestützt, schritt er nun zu dem Palast hinab. Es war jetzt Abend und viele Männer trugen Fackeln, damit sie in dem allgemeinen Schrecken wenigstens einander sehen könnten. Rot strahlten die zitternden Flammen auf Morvens dunkle Kleider und bleiche Stirn und er schien gewaltiger als die übrigen, weil sein Gesicht allein in der geräuschvollen Aufregung ruhig war. Und immer lauter und ruhiger brüllten die Wogen und rasch schwebten die Schatten der Nacht über die eilende Flut.

Und Morven sprach in strengem Tone: „Wo ist der König und warum ist er abwesend von seinem Volke in der Stunde des Schreckens?"

Da öffneten sich die Tore des Palastes und siehe, Siror saß in der Halle neben einem großen Fichtenfeuer, neben ihm sein Bruder und die Häuptlinge ringsumher, denn sie wollten nicht unter das Volk treten auf den Befehl des Hirtensohnes. Da stellte sich Morven auf einen Felsen, der über die Köpfe des Volkes emporragte (derselbe Fels, auf welchem man dem König ausgerufen) und sprach also: „Ihr verlangt zu wissen, o Söhne von Oestrich, weshalb der Strom seine Ufer überschritten und die Gefahr gegen euch hereingebrochen ist. Vernehmt deshalb, dass die Sterne als die gehässigste aller Freveltaten eine Beleidigung gegen ihre Diener und Abgesandte auf Erden rächen. Ihr alle kennt die Lebensweise Morvens, dem ihr den Beinamen des Propheten gegeben habt. Er kränkt kein einziges Geschöpf; er lebt in der Einsamkeit und fern von den wilden Freuden der Krieger dient er mit heiliger Ehrfurcht den Mächten der Nacht. So vermag er euch vor einer Gefahr zu warnen; so kann er euch vor den Feinden retten. Daher sind eure Jäger schnell und eure Krieger kühn; daher bringt euer Vieh seine Jungen und die Erde ihre Früchte. Was glaubt ihr und was verlangt ihr zu erfahren? Höret, o Männer von Oestrich! Man hat meinem Leben eine Schlinge gelegt und in eurer Mitte sind diejenigen, welche das Schwert gegen den Busen, der mit Liebe zu euch erfüllt ist, geschliffen haben. Deshalb wurden von den Sternen, den Beherrschern des Himmels, die Fesseln des Stroms gelöst; deshalb bedroht euch dieses Unglück. Es wird auch nicht eher vorübergehen, als bis diejenigen, welche die Grube für den Diener der Sterne gegraben haben, selbst darein gefallen sind."

Wild und drohend blickten jetzt beim roten Fackelschein die Augen der Männer und zehntausend Stimmen riefen: „Nenne die, welche sich gegen dein Leben verschworen haben, o heiliger Prophet! Und sie sollen Glied für Glied zerrissen werden."

Morven wandte sich um; man sah, dass er bitterlich weinte und dann fuhr er fort: „Ihr habt mich gefragt und ich habe geantwortet; jetzt aber werdet ihr kaum den Feind erraten können, der mir nach dem Leben trachtet und ich schwöre bei den Himmeln selbst, dass, wenn mein Tod ihren Groll sühnen und die Rache der Sternenfürsten von euch und euren Kindern abwenden könnte, so würde ich freudig meine Brust dem Schwerte darbieten . . . Ja!" rief er mit erhobener Stimme und seinen gespenstischen Arm gegen die Halle ausstreckend, wo der König beim Fichtenfeuer saß. „Ja du, den die Sterne durch meinen Mund vor deinem Bruder erwählt – du Siror, du bist der Schuldigen einer! Nimm dein Schwert und komm hierher – stoße es, wenn du den Mut hast, in die Brust des Propheten der Götter!"

Der König sprang auf und über dem Volke lag eine schauervolle Stille.

Morven begann wieder: „Wisset denn, ihr Männer von Oestrich, dass Siror, sein Bruder Voltoch und Darvan, der Älteste unter den Weisen, den Entschluss gefasst haben, euren Propheten zu erschlagen, zu einer Stunde, wo er gewöhnlich allein im schattigen Wald sich begibt, um auf neue Wohltaten für euch zu sinnen. Der König mag es leugnen, wenn er kann!"

Jetzt trat Voltoch, ein riesenhafter Mann, hervor aus der Halle und der Speer zuckte in seinen Händen: „Du hast die Wahrheit gesprochen, niedriger Sohn des Hirten meines Vaters. Für deine Frevel sollst du sterben; denn du lügst, wenn du mit einem Verkehr mit den Sternen sprichst und du lachst über die Toren, welche dich anhören; darum tötet ihn!"

Da klirrten die Häuptlinge in der Halle mit ihren Waffen und stürzten heraus, um den Sohn Oßlahns zu erschlagen. Er aber hob seine wehrlosen

Arme in die Höhe und rief: „Höret ihr, ihr furchtbaren Götter der Nacht! Höret, wie er lästert!"

Und das Volk fiel ein mit dem Rufe: „Er lästert – er lästert den Propheten!" Aber der König und die Häuptlinge, welche Morven hassten wegen seiner Gewalt bei dem Volke, drangen gegen die Menge vor und das Volk wusste nicht, was es tun sollte; denn noch nie hatten sich diese Leute gegen ihre Oberhäupter empört und fürchteten den König ebenso gut wie den Propheten. Und Siror rief: „Bringt Darvan her, denn er hat die Schritte Morvens bewacht und kann den Schleier von den Augen meines Volkes nehmen." Hierauf eilten drei der Behendesten nach Darvans Wohnung. Und Morven rief mit lauter Stimme: „Hört, also spricht der Stern, der durch jene Wolken ziehend, gerade vor meinen Augen aufgeht: „Für die Lüge, welche der Älteste gegen meinen Diener ausgesprochen, wird der Fluch der Sterne auf ihn fallen. Sucht ihn und wie ihr ihn findet, so möget ihr immer die Feinde Morvens und der Götter finden!"

Eine kalte, eisige Furcht befiel jetzt die Menge und selbst Sirors Wange wurde bleich; Morven aber stand über den flammenden Fackeln düster und regungslos, mit gekreuzten Armen. Und horch, immer näher kamen die Kriegsrosse der Wogen – das Volk hörte sie über das Land brausen und sah ihre weisen Männer im heulenden Sturme wehen.

„Seht, während ihr horcht". sprach Morven ruhig, „überschwemmt der Strom alles. Eilt, denn die Götter wollen ein Opfer, sei es nun euer Prophet oder euer König!"

„Sklave!" schrie Siror und sein Speer flog ihm aus der Hand; weithin über die Köpfe des Volkes zischte er an Morvens dunkler Gestalt vorüber und fuhr in den Stamm der Eiche hinter ihm. Jetzt stieß das Volk, ergrimmt über die Gefahr seines geliebten Sohnes ein wildes Geschrei aus, scharte sich mit gezückten Schwertern um ihn und bot kühn den Häuptlingen und dem König die Stirn. Aber in diesem Augenblick, noch ehe der Kampf ausbrach, kehrten die drei Krieger Darvan auf ihren Schultern tragend, zurück. Sie legten ihn zu den Füßen des Königs und sprachen zitternd: „Also finden wir den Ältesten in der Mitte seiner Halle."

Und das Volk sah, dass Darvan eine Leiche war und die Weissagung in Erfüllung gegangen sei. „So mögen die Feinde Morvens und der Sterne umkommen!" rief der Sohn Oßlahns. Und das Volk wiederholte diesen Ruf. Jetzt war Sirors Wut aufs Höchste gestiegen und sein Schwert schwingend, stürzte er unter die Menge mit Rufe: „Dein Blut, Sklave, oder das meine!"

„So sei es!" erwiderte Morven unverzagt. „Ihr Männer, tötet den Lästerer!

Hört, wie der Strom auf eure Kinder und Herden hereinstürzt! Auf! Auf! Oder ihr seid verloren!"

Und Siror fiel von 500 Speeren durchbohrt.

„Erschlaget! Erschlaget!" rief Morven, als die Häuptlinge des königlichen Hauses sich um ihren Fürsten scharten. Das Klirren der Schwerter, das Glänzen der Speere, das Geschrei der Sterbenden und das Toben des wütenden Volks mischte sich mit dem Brüllen der Elemente und dem Donner der brausenden Wogen.

Dreihundert Häuptlinge waren in der Nacht durch die Schwerter ihres eigenen Stammes umgekommen. Und der letzte Ruf der Sieger war: „Morven der Prophet – Morven der König!"

Als der Sohn des Hirten die Wogen über das Tal sich ausbreiten sah, führte er Orna, seine Gemahlin und die Männer von Oestrich samt ihren Weibern und Kindern auf einen hohen Berg, wo sie den kommenden Morgen erwarteten. Aber Orna saß entfernt von den Übrigen und weinte bitterlich, denn ihre Brüder lebten nicht mehr und ihr Geschlecht war von der Erde verschwunden. Und Morven versuchte sie vergebens zu trösten.

Als der Morgen anbrach, sahen sie, dass der Strom den größten Teil der Stadt überschwemmt hatte und die Gewässer jetzt in den Niederungen des Tales stille standen. Da sprach Morven zu dem Volke: „Die Sternenkönige sind gerächt und ihr Grimm besänftigt. Wartet hier, bis das Wasser sich in die Spalten des Bodens verlaufen hat." Und am vierten Tage kehrten sie in die Stadt zurück und niemand wagte einen anderen als Morven König zu nennen.

Aber Morven zog sich in seine Höhle zurück und stellte daselbst tiefe Betrachtungen an. Dann versammelte er das Volk, gab ihm neue Gesetze, ließ zu Ehren der Sterne einen gewaltigen Tempel bauen und befahl, darin alles aufzuhäufen, was das Volk für das Kostbarste hielt. Und er nahm zu sich fünfzig Kinder aus den angesehensten Familien des Stammes, ebenso wählte er zehn aus den Männern, die ihm am besten gedient hatten und verordnete, dass sie in den großen Tempel den Stern dienen sollten und Morven war ihr Oberhaupt. Dann legte er die Krone, die sie ihm aufdrängten, beiseite und wählte aus den Ältesten einen neuen König. Ferner verordnete er, dass künftig nur die Diener der Sterne in dem großen Tempel den König und die Beamten erwählen, Ratssitzungen halten und Kriegserklärungen erlassen sollten; dem König aber erlaubte er, zu schmausen, zu jagen und sich in den Festhallen zu ergötzen. Auch Altäre erbaute Morven in dem Tempel und er war der erste, welcher im Norden vierfüßige Tiere und Vögel und später auch *Menschenfleisch auf den Altären opferte!* Er weissagte aus den Eingeweiden der Opfer, gründete Prophetenschulen und seine Frömmigkeit wurde von dem Volke, besonders weil er die Krone ausgeschlagen hatte, ehrfurchtsvoll bewundert. Und Morven, der Hohepriester, war zehntausendmal mächtiger als der König. Er lehrte das Volk den Boden pflügen und Getreide säen und durch seine Weisheit und die Energie, welche seine Prophezeiungen seinem Stamme einflößten, bezwang er alle Nachbarvölker. Die Söhne Oestrich breiteten sich aus über ein gewaltiges Reich und mit ihnen der Name und die Gesetze Morvens. In jeder Provinz, welche er eroberte, ließ der Seher einen Tempel für die Sterne bauen.

Aber ein schwerer Kummer kam über die Jahre Morvens. Sirors Schwester beugte ihr Haupt und überlebte die Ausrottung ihres Stammes nicht lange. Sie ließ Morven kinderlos. Und er versank in tiefe Trauer und war wie außer sich, denn sie allein in der Welt vermochte sein Herz zu lieben. Er setzte sich nieder, bedeckte sein Gesicht und sprach: „Siehe, ich habe mich gequält und gearbeitet und nie zuvor hat irgend ein Mensch auf der Welt bezwungen, was ich bezwang. Wahrlich, das Reich der eisernen Sitten und riesigen Glieder besteht nicht mehr! Ich habe eine neue Macht gegründet, die fortan die Länder regieren soll – die Herrschaft des Verstandes und des befehlenden Geistes. Aber siehe, mein Schicksal ist öde und bereits fühle ich, dass weder Frucht noch Baum meine alten Tage schützen wird, trostlos und einsam soll ich in mein Grab hinabsteigen. O Orna! Meine Schöne, meine Geliebte! Keine andere gleicht dir und deiner Liebe verdanke ich meinen Ruhm und mein Leben! Wären doch um Deinetwillen, du süßer Vogel, der in der dunklen Höhle meines Herzens nistet – wären doch um Deinetwillen deine Brüder verschont worden, denn wahrlich mit meinem Leben würde ich das deinige erkaufen! Ach! Erst als ich dich verlor, fand ich, dass deine Liebe mir teurer war, als die Furcht der Übrigen!"

Und Morven trauerte Tag und Nacht und niemand vermochte ihn zu trösten. Von dieser Zeit an widmete er sich allein den Sorgen seines Berufes; sein Herz und sein ganzen Wesen streifte jedes sanftere Gefühl vollends ab und wurde wie versteinert, er war ein Mensch ohne Liebe und verbot auch den Priestern Liebe und Ehe.

In späteren Jahren standen andere Priester auf, denn die Welt war gerade durch Morvens Weisheit weiser geworden und einige sprachen zu sich selbst: „Ist nicht Morven, der Sohn des Hirten, ein König der Könige? Dies taten die Sterne für ihren Diener; sollten wir nicht auch Diener der Sterne werden?"

Und sie trugen schwarze Kleider gleich Morven und prophezeiten, was ihnen die Sterne verkündeten. Aber Morven geriet darüber in die größte Wut, denn er wusste besser als irgend ein anderer, dass die Propheten logen, daher zog er aus gegen sie mit den Dienern des Tempels, ergriff dieselben und verbrannte sie in einem langsamen Feuer; denn also sprach Morven zu dem Volke: „Dem wahren Propheten gebührt Ehre, aber nur ich bin ein wahrer Prophet; alle falschen Propheten sollen vertilgt werden.

Und das Volk schenkte der Frömmigkeit des Sohns Oßlahns seinen Beifall.

Und Morven unterrichtete die weisesten Kinder in den Geheimnissen des Tempels, damit sie seiner würdige Nachfolger werden mochten.

Und er starb reich am Jahren und Ehren und sie bildeten ihn ab auf einem gewaltigen Steine vor dem Tempel und dies Bild erhielt sich mehrere tausend Jahre und wer es anblickte, der zitterte, denn auf dem Gesicht desselben lag die Ruhe einer unaussprechlichen heiligen Scheu!

Und Morven war der erste Sterbliche des Nordens, welcher die Religion zum Schrittsteine der Gewalt machte! Sicherlich war Morven ein großer Mann!

*

Es war die letzte Nacht des alten Jahres und sie Sterne saßen jeder auf seinem Rubinenthrone und wachten mit schlaflosen Augen über die Welt. Die Nacht war dunkel und unruhig, heftige Stürme tobten und rasch jagten die Wolken unter den Thronen der Könige der Nacht dahin. Von zeit zu zeit flammten feurige Meteore durch die Tiefe des Himmels und wurden wieder in einem Grabe der Finsternis verschlungen. Aber fern von seinen Brüdern und mit einem düsteren Nebel (Aura) umgeben, saß der missmutige Stern, welcher über die Jäger des Nordens wachte. Und über dem untersten Abgrunde des Weltenraumes lag dichte, gewaltige Finsternis, aus welcher wie aus einem Kessel wirbelnde Rauchsäulen emporstiegen und jedes Mal, wenn die Stürme einen Augenblick auf ihren Pfaden ruhten, wurden Stimmen der Klage und des Hohnes, vermischt mit lautem Geschrei, das aus dem Abgrunde in die obere Luft emporstieg, gehört.

Und jetzt, gerade um die Stunde der Mitternacht, erhob sich langsam eine Riesengestalt aus dem Abgrunde und ihre Schwingen verbreiteten Finsternis über die Welt. Hinauf bis zum Throne des missmutigen Sternes schwebte die furchtbare Gestalt und der Stern zitterte auf seinem Thron, als das Schreckensbild ihm gerade gegenüber stand.

Und die Gestalt rief: „Heil, Bruder, Heil!"

„Ich kenne dich nicht" erwiderte der Stern. „Du bist nicht der Erzengel, welcher die Könige der Nacht besucht."

Und die Gestalt lachte laut. „Ich bin der gefallene Stern des Morgens! Ich bin **Luzifer,** dein Bruder! Hast du nicht, o düsterer König, mir und den Meinigen gedient? Hast du nicht die Erde deinem Herrn, der da oben thront, entrissen und sie mir übergeben, indem du die Seelen der Menschen mit der Religion der Furcht verdunkelst? Komm, also Bruder, komm; du findest einen Thron neben dem Meinigen in dem feurigen Abgrunde. Komm, die Himmel sind nicht mehr für dich!"

Jetzt erhob sich der Stern von seinem Throne und stieg an Luzifers Seite hinab. Denn immer war der Geist des Missmuts dem Geiste des Stolzes verwandt. Und sie sanken langsam hinunter in den Rachen der Finsternis.

Es war die erste Nacht des neuen Jahres und die Sterne saßen jeder auf seinem Rubinenthrone und wachten mit schlaflosen Augen über der Welt. Aber Sorge verdüsterte die glänzenden Gesichter der Könige der Nacht; denn sie trauerten in bangem Schweigen um einen gefallenen Bruder.

Und die Tore des Himmels der Himmel flogen auf mit goldenem Klang und der rasche Erzengel schwebte hernieder auf seinen stillen Schwingen und brachte jedem Sterne, wie früher, das Gebot seines Herrn und jeder Stern erhielt seinen besonderen Auftrag. Und als er seine Gesandtschaft vollbracht zu haben schien, da erscholl ein Gelächter aus dem Abgrund der Finsternis und es erhob sich halb aus dem Schlunde die dunkle Gestalt Luzifers, des Erzfeindes!

„Du zählst deine Herde schlecht, o strahlender Schäfer! Siehe, es fehlt ein Stern von den Dreitausend und Zehn!"

„Zurück in deinen Abgrund, trügerischer Luzifer! Der Thron deines Bruder ist wieder besetzt!"

Und siehe, während der Engel so sprach, erblickten die Sterne einen jungen hellstrahlenden Fremdling auf dem Throne des irrenden Sternes und sein Gesicht war so sanft anzuschauen, dass das naivste Menschenauge unverletzt seinen Glanz (Aura) betrachten konnte; aber der dunkle Feind wurde so durch denselben geblendet, dass er mit einem Wutgeschrei, welches die flammenden Pfeiler des Weltalls erschütterte, in die Nacht des Abgrundes zurücksank.

Fernher von einem unsichtbaren Himmel ließ sich jetzt die Stimme Gottes vernehmen: „Siehe, auf den Thron des missmutigen Sternes sitzt der Stern der Hoffnung und der, welcher die Religion der Furcht unter den Menschen ausbreitete, hat einen Nachfolger, der auf Erden die Religion der Liebe

lehren wird!"
Und auf immer wohnt der Stern der Furcht bei Luzifer, der Stern der Liebe aber hält am Himmel wache!

Vorwort zur 4. Wurzelrasse:

Über den sagenhaften Kontinent Atlantis gibt es aus hermetischer Sicht überhaupt keine tiefgründige Literatur. Selbst angebliche „Größen" wie Gregorius, Crowley, Peryt Shou, Brandler-Pracht, die Adonisten, die sogenannten Theosophen, die sich alle nur eine Namen machen wollen, berichten hierüber alle nur spärlich, falsch, haben abgeschrieben, unsinnig zusammengefasst, oder gehen nur materiellen Hinweisen nach.

Die ganze oberflächlich esoterische Literatur bezieht sich auf vier Autoren: dem Philosophen Platon, Madame Blavatsky, dem Theosophen Scott-Eliott und Dr. Rudolf Steiner. Aus rein hermetischer Sicht gibt es sogar nur **ein** Werk, denn das Buch „Atlantis" von Scott-Eliott ist selbst voller Fehler, Platon und Blavatsky schrieben rein symbolisch, und so bleibt nur noch das Buch „Aus der Akashachronik" vom angeblichen Hellseher Rudolf Steiner übrig, welcher nach Aussage von Ariane der Einzige war, welcher *zum Teil* Sinnvolles geschrieben hat.

Das Entscheidende ist, dass für das wahre Hellsehen eines Eingeweihten das magische Gleichgewicht nötig ist. Ist das nicht der Fall, dann kann man die vierpolige Symbolik im Akasha nicht richtig lesen. Es kommt dann zu groben Verstümmelungen der Wahrheit, da man selber nicht die erforderliche Objektivität besitzt. Man sollte sich deshalb immer die Gesetze des Tetragrammaton vor Augen halten!

Aber wie kann der Suchende aus diesem undurchdringlichen Sumpf an unzureichender Literatur etwas Brauchbares herausholen? Man geht unweigerlich darin unter! Nun ist es begreiflich, warum ich dieses Werke zusammenfasste, denn man findet nur ein paar Perlen der Wahrheit in der gesamten esoterischen Literatur. Mein Buch besteht hauptsächlich aus den Äußerungen meines hellsichtigen Freundes Anion, auf das alles Weitere aufgebaut ist. In diesem Werk gehe ich natürlich nicht allzu sehr auf die materiellen Gegebenheiten ein, sondern beleuchte mehr die okkulte Seite, welche den Hermetiker mehr interessieren dürfte.

1. Die Strophen aus dem Buche „Dzyan"

Einleitend möchte ich beginnen, indem ich zuerst die guten aber sehr symbolischen „Strophen des Dzyan" aus der „Geheimlehre" Band II von Blavatsky erwähne. Die fremdartigen Begriffe habe ich zum leichteren Verständnis schon übersetzt. Ich erwähne nur die Strophen, die mit der atlantischen, der vierten Rasse in Zusammenhang stehen:

Strophe 9

33. *Als sie dies sahen, da trauerten die „Geister", welche nicht Menschen gebildet hatten und sagten:*
34. *„Die Gemütlosen haben unsere zukünftigen Wohnungen verunreinigt. Dies ist Schicksal. Lasst uns in den anderen wohnen. Lasst uns sie besser belehren, damit nicht schlimmeres geschehe." Sie taten es . . .*
35. *Da wurden alle Menschen mit Gemüt begabt. Sie sahen die Sünde der Gemütlosen.*
36. *Die vierte Rasse entwickelte die Sprache.*
37. *Die einen wurden zwei; desgleichen alle lebenden und kriechenden Dinge, welche noch eins waren, Riesenfische, Vögel und Schlangen mit Schalenköpfen.*

Strophe 10

38. *So brachte, zwei um zwei, in den sieben Zonen, die Dritte die Vierte hervor; Die „Götter" wurden „Nichtgötter".*
39. *Die Erste, in jeder Zone, war mondfarben; die Zweite gelb wie Gold, die Dritte rot; die Vierte braun, welches schwarz wurde vor Sünde. Die ersten sieben menschlichen Schösslinge waren alle von einer Farbe. Die nächsten sieben begannen zu vermischen.*
40. *Da wuchsen die Dritte und die Vierte voll Stolz in die Höhe. „Wir sind die Könige; wir sind die Götter."*
41. *Sie nahmen Weiber, die schön anzusehen waren. Weiber von den Gemütlosen, den Schwachköpfigen. Sie brachten Ungetüme hervor, bösartige Dämonen, männliche und weibliche, auch Khado (weibliche Wesen) mit beschränkten Gemütern.*

42. Sie erbauten Tempel dem menschlichen Körper. Den männlichen und weiblichen verehrten sie. Da wirkte das dritte Auge nicht mehr.

Strophe 11

43. Sie bauten große Städte. Aus seltenen Erden und Metallen erbauten sie dieselben. Aus den ausgespieenen Glutmassen, aus dem weißen Stein der Berge und aus dem schwarzen Steine verfertigten sie ihre eigenen Bilder, in ihrer Größe und Gestalt und verehrten sie.
44. Sie machten große Bildnisse, neun „Maßeinheiten" hoch, in der Größe ihrer Körper. Innere Feuer hatten das Land ihrer Väter zerstört. Das Wasser bedrohte die Vierte.
45. Die ersten großen Wasser kamen. Sie verschlangen die sieben großen Inseln.
46. Alle Heiligen gerettet, die Unheiligen vernichtet. Mit ihnen die meisten der großen Tiere, entstanden aus dem Schweiß der Erde.

Strophe 12

47. Wenige blieben übrig. Einige Gelbe, einige Braune und Schwarze und einige Rote blieben übrig. Die Mondfarbenen waren dahingegangen für immer . . . "

*

Ich glaube, mit recht sagen zu können, dass diese Informationen spärlich sind. Die Erklärungen in der „Geheimlehre" verwirren mehr, als sie helfen. Aus diesem Grund fragte ich Anion, ob er mir nicht unverfälscht sagen könnte, wie sich die ganze Geschichte zugetragen hat.

„Du hast recht. Über Atlas gibt es sehr, sehr wenig brauchbare Literatur. Ich helfe dir gerne weiter:

2. Atlantis, eine Hochkultur:

Eigentlich ist Atlantis der falsche Name. In Wirklichkeit hieß dieser Name Atlas, die Bewohner nannten sich Atlanten. Vielleicht ist gerade aus diesem dann Atlantis geworden. Ihre Kultur und Technik war weitaus größer als die Heutige. Es gab sehr schöne Schlösser, der Straßenverkehr war abgaslos. Was mir sehr interessant erscheint, ist, dass die Atlanten in der Raumfahrt sehr viel weiter waren als wir. Aber gerade dadurch sollte der „Untergang" geschehen, denn sie hatten 1/5 der gesamten Welt abgesprengt!

Das wäre der Untergang des gesamten Erdenplaneten gewesen, wenn die Göttliche Vorsehung dies nicht verhindert hätte. Es gab auch einen Polsprung, das bedeutet, dass die Magnetfelder sich änderten. Für die gesamte Menschheit war dies ein Rückschlag in die Steinzeit. Dies geschah vor ca. 150.000 Jahren. So ist der Mond Atlantis, er war damals sehr heiß und sehr große Gesteinsbrocken von der Erde bombardierten den neuen Mond. Ohne Atmosphäre gab es riesige Einschläge, die für die Mondlandschaft verantwortlich sind. Kritiker dieser These sollten sich fragen, warum der Mond nur von einer Seite sichtbar ist und seine Umdrehung genau die der Erde entspricht. Pro Jahr entfernt sich der Mond ca. 4 cm von der Erde, trotz der Anziehungskraft.

Aber genug. Die Frage lautet: Wo war der astral-identische Planet? Auch hier ist die Antwort leicht. Ein recht großer Planet explodierte und von seinem Dasein gibt der große Asteroidengürtel das Zeugnis.

Viele Atlanten waren magisch sehr hoch entwickelt, sie flohen vorher und erbauten Shamballa, das halb astral ist, aber auch halb materiell. Zu suchen wäre dieser Ort nahe der Grenze Tibet zu China. Aber er ist unsichtbar, weil ein Kraftfeld das Licht in geeigneter Form bricht.

Die Atlanter hatten eine etwas blaue Farbe, deswegen werden die Eingeweihten die „Blauen Mönche" genannt. Sie leben heute noch durch den „roten Löwen"! Von Urzeiten aus bis heute werden hin und wieder „Priester" ausgesandt. Die Veden, etwa 50.000 Jahre alt, wurden den Menschen gegeben und viel Kultur und Religion. Aus der Astralebene kamen Brüder des Lichts, um Einfluss zu nehmen. Viele Lichtbrüder halten sich dort auf.

Auf Atlas wurde die Runenschrift benutzt, aber auch die Magie derselben. Die negativen Politiker und Atlanten kamen damals durch das nuklear gesteuerte Vorhaben ums Leben. Sie tragen heute noch Karma ab in einem ziemlich eingegrenzten, unfeinen Dasein. Es ist also kein Erbe von Atlas über, nur der Mond scheint uns, tot und nur astral bewohnt, als Sinnbild der negativen also magnetischen Kraft. Alle Magier, die die Mondebene betreten, können selbst von untergeordneten Wesen alles über Atlas erfahren. Da, wo jetzt der atlantische Ozean ist, dort befand sich einst Atlas. Es ist kein Urteil mehr möglich, weil die Zeit den Mantel der Vergessenheit über diese Geschichte legte und selbst die Wissenschaft von heute spricht von einer Legende, die also nicht erforscht werden braucht. Dem Magier erzählt diese Geschichte weit mehr, weil Hass, Machtmissbrauch,

Engstirnigkeit usw. mikrokosmisch wie makrokosmisch zur Zerstörung und Vernichtung führt.

Es gibt ein paar Geheimnisse, die ich nicht zu Papier bringe, z. B. die Explosion des alten Planeten oder andere Dinge, die Nachahmung bedeuten würde, nämlich die **Ur-Runen**. Die Runen die wir jetzt haben, sind somit zweite Garnitur, aber dennoch sehr mächtig. Ich vermeide also die alten Runen – Quabbalah – zu zeichnen und deren Tonlage anzugeben. Man möge also Verständnis haben, denn manches ist in der Verschwiegenheit gut aufgehoben. Dennoch dürften einige Dinge neu sein.

Wo sind die sogenannten Okkultisten jeglicher Reife, sie müssten das alles wissen! Man sieht also, dass deren Ideenwelt nur in anderen Büchern oder Überlieferungen liegen. Wenn nur die Herrn „Magier" wüssten, was vor ihrem Blickwinkel liegt, wären sie höchst erstaunt!

Die Kugelform des Mondes erreichte damals schon seine Form. Aber hier war das Vorhaben zu Ende. *Nicht die Schwarzmagier sind das Gefährlichste, sondern die wirklich Eingeweihten, die schöpferisch-choatisch wirken können, das heißt entgegengesetzt der Vorsehung!* Schwarzmagier mit Pakten der größten Dämonen können so etwas nie erreichen, weil die höchste Hierarchie der genannten Wesen durchaus der Vorsehung dient und somit die Befehle der Zauberer nicht ausführen werden.

Die Atlanten hatten in gewisser Weise ein gutes Vorhaben geplant. So sollte der Mond ein Paradies werden und nur für Eingeweihte und deren Schüler sollte er zugänglich sein. Aber die Vorsehung lässt sich nicht ins Handwerk pfuschen, so ist der Mond öde, leer und tot. Also ist Atlas unserer Blicke würdig, um nie hochmütig zu werden. Die Vorsteher des Mondes sind die einstigen Wesen des vernichteten Planeten, weil die Gottheit durch die Willkür von Menschen – auch wenn sie wahre Eingeweihte waren – ihre Wesen nicht sterben lässt.

Nun aber genug, ich habe schon zu viel erzählt, man wird sagen, ich bin ein Märchenerzähler!"

Ich war erstaunt über diese fremdartigen Informationen, welche mir mein Freund gab. Da mir auch hier einiges unklar war, setzte ich nach:

„Wie kommt es, dass diese hochentwickelte Rasse so stofflich eingestellt war?"

„Die Atlanten waren die vierte Rasse, die sich am Tiefstpunkt befanden, denn drei stiegen ab, die vierte befand sich voll im Stoff und drei weitere steigen auf. Deshalb ist es nicht verwunderlich, dass sie dermaßen materialistisch eingestellt waren."

„Wer sind die materiellen Menschen, die jetzt in einem sehr beschränkten Maße, ihr Karma abtragen müssen?"

„Das sind die Asiaten, insbesondere die Chinesen. Die Japaner mit ihrer besonderen Technik ahmen den Atlantern nach."

„Was? Die Chinesen. Wieso denn die?"

„Erstens weil ihr Hautfarbe die Komplementärfarbe von Blau ist und zweitens weil in China die Armut riesig ist und der Mensch als Einzelperson überhaupt nichts gilt! Sterben da nur 100.000 Menschen, so kann das China bei der hohen Summe an Bevölkerung ganz leicht wegstecken. Und weißt du überhaupt, wie grausam die chinesischen Kaiser waren? Wie sehr sie ihre Untertanen unterdrückt haben? Einfach unvorstellbar . . ."

„Und was ist mit den Magiern passiert, die so was veranstalteten? Leben die überhaupt noch? Ich glaube, die hat die göttliche Vorsehung schon ausgelöscht, oder?"

„Nein, mitnichten. Die haben schwere Aufgaben bekommen, wo sie das alles wieder ausgleichen und gleichzeitig für die Entwicklung der Menschen helfend einschreiten konnten. Dieser Kontinent war ja auch soweit gesunken, dass es an der Zeit war, dagegen vorzugehen. Die Magier wollten das auf ihre eigene Weise tätigen. Aber das letzte Wort hat immer „Metatron!"

„Wie kamen denn die wahren Magier darauf, so was zu machen? Die müssen doch gewusst haben, dass das in gewisser Weise falsch ist. Die haben doch Intuition!"

„Ja, das stimmt, aber wenn du die erste Tarotkarte beherrschst, steht dir der ganze Kosmos offen und du kannst jede Tarotkarte als Nächste bearbeiten. Und das taten sie. Nur sie nahmen die 15. Karte – den Teufel! Dieser Tarotkarte steht der Dämonengott „Baphomet" vor und dieser gibt „göttliche" Tipps in allen materiellen Angelegenheiten. Er ist ja der Vertreter der Materie und das kam gerade in dieser materiellen Rasse richtig zur Geltung. Er kann dir quabbalistische Formeln geben, womit du alles Materielle bewerkstelligen kannst. Er unterrichtet dich auch im Gebrauch und steht dir helfend zur Seite. Ich glaube, dass ich mehr nicht sagen muss."

Er hatte recht. Doch meine Fragen waren nicht zu Ende.

„Anion, da du gerade so gesprächig bist, frage ich weiter. Wie hatten die Magier es geschafft, den Mond technisch aus der Erde herauszureißen?"

„Mittels physikalisch-quabbalistischer Formeln. Das heißt, sie haben die Atomkraft mit Quabbalah unterstützt. Damit klappt dann alles."

„Manche Forscher nehmen sogar an, dass der Mond aus der Erde kam, aber dass das in Atlas passierte, das übersteigt deren denken."

Er nickte nur dazu.

„Wie sahen eigentlich die Gebäude in Atlas aus?", lautete meine nächste Frage.

„Das ist nicht leicht zu beschreiben. Es gibt aber eine Dokumentation mit dem Namen – Wo lag Atlantis? – in der man wieder einmal Atlas auf Erden sucht. Gegen Ende tritt unerwartet das Foto einer Fata Morgana auf, die genau das Aussehen des untergegangenen Kontinents widerspiegelt. Da siehst du die riesigen Hochhäuser von eigenartigem Bau und dazwischen fliegt ein hyper-modernes Flugzeug. Diese Fata Morgana spiegelte aber schon die Endzeit von Atlas wieder."

Ich konnte dem Gehörten nicht trauen, aber als ich persönlich die Dokumentation gesehen habe, konnte ich mich von der Wahrheit überzeugen. Solche Gebäude habe ich noch nie gesehen . . .

3. Was die okkulte Forschung sagt

Franz Bardon ist der Einzige, der in seinem 2. Lehrwerk „Die Praxis der magischen Evokation" genau beschreibt, dass die Atlanten uns technisch haushoch überlegen waren. Folgendes darüber steht im 2. Werk über die Atlanten (1956/S.205):

„Noch lange vor unserer Zivilisation – es dürfte schon viele tausend Jahre her sein – wurde unser Erdball von hochzivilisierten Völkern bewohnt, die uns in der Technik des Flugwesens sehr weit überlegen waren. Diesen waren die Geheimnisse der Gravitation Allgemeingut. Sie begaben sich ohne Motortrieb und Gasbenützung in Luftschichten höchster Höhen und erreichten Geschwindigkeiten gleich der Umdrehungsgeschwindigkeit unserer Erde, schafften mühelos ohne jede mechanische Hilfe die schwersten Lasten von einem Ort zum anderen (Siehe „Hermes" in der Schrift: „Die Verkörperungen des Meister Arion". Der Autor). Nach ihrem Untergang, den diese Völker selbst verschuldeten, nahm Astolitu, der Vorsteher der Erdgürtelzone, die Schlüssel wieder zu sich und behütet sie strengstens bis zu jener Zeit, da die Menschheit für diese geheimnisvollen Erfindungen die notwendige Reife und Entwicklungsstufe erreicht haben wird. Im Akashaprinzip ist aber noch niemals etwas verloren gegangen und wird in alle Ewigkeit dort vermerkt bleiben. Nur die höchsten Magier können im Akashaprinzip alles lesen, was der normalen Welt verborgen bleiben muss."

Dass es Atlas gegeben haben muss, darauf weisen immer wieder rätselhafte Funde, wie der Sarkophag, in dem ein Jüngling, frisch, rotbackig und wie lebendig schön von Antlitz und Gestalt lag. Das Eigenartige war, dass er in einer öligen Flüssigkeit lag und vier Lämpchen brannten, welche ohne Docht frei schwebend sich im verschlossenen Sarg befanden. Nach ungefähr zwei Stunden erloschen die Lampen an der frischen Luft, berichtet Marby in der Zeitschrift „Forschung und Erfahrung"! So, wer ist in der Lage, einen derartigen Sarg herzustellen, der noch dazu den jungen Achilles – wie der Name auf dem Sarg gedeutet wurde und seine durchschnittenen Fersen weisen daraufhin – beinhaltete? Troja war ja angeblich eine griechische Stadt, um die gekämpft wurde, aber alle vergessen, dass gesagt wird, dass sich sämtliche griechischen Sagen viele Tausende von Jahren vorher abgespielt hatten! Also, man kann durchaus sagen, vor der eigentlichen griechischen Kultur. In der Erforschung der

Wissenschaften der antiken Völker tauchen oft geheimnisvolle Dinge auf, deren Ursprung Atlantologen gerne im versunkenen Inselreich sehen. Nur ein Beispiel davon ist der Maya-Kalender, der in seiner Genauigkeit den der Alten Welt um einiges übertraf. Selbst die Märchen aus 1001 Nacht verweisen auf schon lang untergegangene Rassen.

Ein weiterer, eher unbekannter Fund, ist die Landkarte „Piri-Reis", welche die Erde aus der Luft so detailgetreu beschreibt, dass es die Wissenschaft in Erstaunen versetzt. Sie zeigt sogar Gebirgsketten von Grönland, die im 16. Jahrhundert – zur Zeit der Abschrift – nicht sichtbar gewesen wären, denn die Karte zeigt Grönland vor ungefähr 5000 Jahren! Amerikanische Forschungseinrichtungen haben dies mit modernen Geräten belegt. Es stellt sich nun die Frage, ob nicht auch geographische Einzeichnungen von Atlas sich darauf befinden, denn die Atlanten besaßen Luftschiffe und nur mit diesen konnte man die Karte anfertigen.

Auch Dr. Adolph Hemberger, der ebenfalls magisch geschult war und mit dem sich Anion getroffen hatte, erzählte die Geschichte der Vernichtung von Atlas ungefähr so, wie sie oben von meinem Freund beschrieben wurde. Die Explosion war so gewaltig, dass das Aussehen des gesamten Planeten verändert wurde und nur wenige Menschen überhaupt die Katastrophe überlebten. Die ganzen Gebirgszüge und Hochebenen entstanden dadurch, dass die Wucht der Explosion die Erdplatten verschob, welche sich daraufhin aufrollten und die Alpen und anderen Gebirge bildeten.

Der Runenforscher Marby ist der einzige Okkultist, der ebenfalls in seinem Roman „Die drei Schwäne" (S.144) sagt, dass „ . . . Gebiete von dem Erdball ausgestoßen und in den Weltraum geschleudert wurden. Dieser Teil der Erde wurde daraufhin ein selbstständiger Himmelskörper, der nun die Erde begleitet und den wir Mond nennen." Er sagt noch, dass diese Gebiete schwarz-magisch verseucht waren, was darauf hinweist, dass dort die tief gesunkenen materialistischen Atlanten wohnten.

Durch diese Riesenkatastrophe ist es nicht verwunderlich, dass die Geschichte von Atlas sich in den Mythen und Legenden erhalten hat, denn so eine gewaltige hat bis dato nicht gegeben.

Nun möchte ich die beiden Berichte von Platon – „Timaios" und „Kritias" – in einem logischen Zusammenhang mit den hermetischen Lehren bringen. Er bedient sich in seinen Werken des Dialoges, um sie lebendiger zu gestalten. Die Dialoge sind rein fiktiv und er war der Erste, welcher über Atlas etwas Wahres zu Papier brachte!

Allgemein wird in diesem Werk jedoch angenommen, dass der griechische Staatsmann Solon im sechsten Jahrhundert v. Chr. der Stadt Saïs, dem ägyptischen Regierungssitz, einen Besuch abstattete. Dort erfuhr er von einem älteren Priester namens Sonchis die Geschichte des untergegangenen Kontinents „Atlantis", das übersetzt die „Insel des Altas" heißt. Dieser Bericht, von dem angeblich ein Manuskript existierte, wanderte nach Plato noch zwei Generationen weiter, bis er ihn dann für die Nachwelt aufzeichnete. So die offizielle Version. Doch wenn man tiefer gräbt, holt man etwas ganz anderes ans Tageslicht!

Die Geschichte beginnt mit einer Einführung in den perfekten Staat, der seine Bürger die ihnen entsprechenden Aufgaben zuweist, jedem nach seinem Temperament und seiner Mentalität. Die Schlechten werden zu den Guten getan, damit sie beide was voneinander lernen können.

Plato berichtet: *„Ihr Griechen seid ein junges Volk, seelisch sehr jung, noch habt ihr irgendein altersgraues Wissen. Und das ist der Grund davon: Schon manches Mal und auf viele Arten ist die Menschheit vernichtet worden und wird auch wieder vernichtet werden, am gründlichsten durch Feuer und durch Wasser und in geringerem Maße auf tausend andere Arten."* – D. h., dass die Griechen sich nicht mehr an diese alten Geschichten erinnern konnten.

Weiters sagte er: *„Doch liegt schon etwas Wahres darin, nämlich die Abweichung der Gestirne, die am Himmel um die Erde kreisen, und jeweils nach Ablauf langer Zeitläufe, die Vernichtung alles dessen, was es auf der Erde gibt, durch ein großes Feuer."* – Dies könnte man auch anders deuten, nicht nur astrologisch. Wie, das steht oben beschrieben.

Platon berichtete, dass Altas die besten politischen Einrichtungen von allen Staaten unter dem Himmel gehabt hatte, über die wir jemals Auskunft erhalten hätten können, denn alle Gesetze, Ideen und Erfindungen entstammen dem „versunkenen Kontinent".

Zur weiteren Erklärung der Geschichte sagt er: *„Die Bürger und die Stadt, die du uns gestern gleichsam in einem Mythos geschildert hast, die wollen wir nun hierher in die Wirklichkeit übertragen, als ob es diese Stadt hier (Athen) wäre, und von den Bürgern, die du dir ausgedacht hast, wollen wir annehmen, sie seien unsere wirklichen Vorfahren, eben jene, von denen der Priester erzählt hat . . ."*

„ . . . Zudem hat es den ganz großen Vorteil, dass es nicht ein erdichteter Mythos ist, sondern eine wahre Geschichte. Sie seien die Athener von damals, von denen die Überlieferung der heiligen Schriften bezeugt hat,

dass sie von der Erde verschwunden sind, von denen ich aber dann das Weitere so berichten soll, als ob sie die athenischen Bürger von heute wären. " – Also, nur eine fiktive Annahme!

Dann beschreibt er die Schöpfung des Alls und des Menschen aus hermetischer Sicht und erwähnt dabei die vier Elemente und bringt sie im Einklang mit den Sinnen, so wie es Franz Bardon im „Adepten" beschrieben hat! Platons Beschreibung ist viel detaillierter als in der Bibel! Die Schöpfung geht vom Mentalen bis ins Grobstoffliche.

Laut dieser Aussage kannte Platon offensichtlich die Idee des „Adepten", war also ein Eingeweihter und konnte infolgedessen auch richtig in der Akasha-Chronik lesen. Daher stammt das gesamte Wissen über Atlas von ihm und nicht von den fiktiven Gesprächspartnern!

Nun wird die Stadt mit ihren einzelnen Anlagen beschrieben, aber so, dass es die damalige griechische Bevölkerung verstand.

Selbst Götter inkarnierten sich in Atlas, d. h., sie kamen auf Erden, um die Menschen zu unterrichten. Götter gaben ihnen den Sinn für ein geordnetes Staatswesen. Am Anfang gab es noch keine Schiffe und Schifffahrt, das war die dritte Rasse. Götter zeugten mit den Menschen Kinder. Fünf Zwillingspaare, Hermaphroditen, zeugten die Götter und jeder von einem Paar ernannte der Hauptgott zum König! Der Tradition folgend inkarnierten sich die „Brüder des Lichtes" als Männer.

Platon beschreibt den Wohlstand der Insel, die schönen Gebäude, Königspaläste und Tempelanlagen, welche mit Gold, Silber und Kupfer angefertigt wurden. Des Weiteren hatten sie ein gut geregeltes Kriegswesen. Ihr Rechtswesen wurde durch göttliche Intuition gelenkt. Hielten sie Gericht, zogen sie sich blaue Mäntel an – ein weiterer versteckter Hinweis auf die Blauen Mönche und die Hautfarbe der Atlanten!

Der Krieg gegen die Athener, welche letztere gewannen, steht für die Vernichtung der Atlanten und für die Bildung der kommenden fünften Rasse.

In vielen Menschengeschlechtern blieben die Könige göttlich und übten göttliche Gesetze aus. Ihr Hauptanliegen war die Mäßigung in allem, doch mit der Zeit entarteten die Menschen und verfielen den irdischen Gelüsten. Daraufhin beschloss Zeus die Vernichtung von Atlas! Nach der Zerstörung von Atlas vor 150.000 Jahren fiel der Mensch in die Barbarei und wurde zum Neandertaler!

Nach dieser Abhandlung geht es im Buche „Kritias" mit dieser Aussage weiter, dass eine undurchdringliche Schlammschicht sich nach dem „Untergang" gebildet hatte, die kein Suchender durchdringen, d. h., das man über Atlas auf Erden nichts mehr vorfindet!

Da es laut dem Philosophen vor 9000 Jahren einen Krieg zwischen Athenern und Atlanten gab, obwohl Athen zu dieser Zeit noch gar nicht existierte, ist die Zeit eine symbolische Dichtung, nicht aber die Geschichte. Dazu folgende Erklärung des Griechen: *„Denn die Bevölkerungsgruppe, die sich jeweils erhalten hat, die blieb, wie oben gesagt wurde, im Gebirge und war ohne Schrift; so hörten sie nur eben die Namen ihrer Landesfürsten und dazu ein Weniges von ihren Taten. Sie gaben sich damit zufrieden, ihren Nachkommen diese Namen zu überliefern; von den Vorzügen aber und von den Gesetzen ihrer Vorfahren wussten sie nichts, außer einigen dunklen Gerüchten über den einen oder den anderen. Und durch viele Menschenalter lebten sie und ihre Kinder im Mangel an den notwendigen Dingen und richteten ihre Gedanken einzig auf das, was ihnen fehlte. Dies war ihr einziger Gesprächsgegenstand; aber wie ihre Vorfahren gelebt hatten und was sich in der Vorzeit ereignet hatte, darum kümmerten sie sich nicht."* – Alles geriet in Vergessenheit, weil sich die wenigen Überlebenden mehr um ihr eigenes Leben kümmern mussten!

Platon beschreibt in seiner Geschichte nur einen Idealstaat; die Geschichte beruht nicht auf historischen Tatsachen. Sie ist nämlich ein klug gewählter Weg, Tatsachen mit Dichtung und Wahrheit zu verbinden. Der Bericht ist eine moralische Ermahnung zu Tugend und Bescheidenheit, wie sie in der Antike und von vielen Philosophen üblich war.

- Platons Geschichte erregte keine große Aufmerksamkeit, sogar Aristoteles, sein Schüler, hielt die Geschichte für ein Märchen.
- Die Geschichte sollte nicht wörtlich genommen werden, denn Platon war als Eingeweihter den Gesetzen des Schweigens unterworfen, an die er sich halten musste.
- Platon konnte nicht die Wahrheit schreiben, denn keiner hätte sie auch nur annähernd verstanden. Atomkraft gab es damals nicht. Platon konnte schlecht sagen, dass Atlas aufgrund einer quabbalistischen Atomexplosion verschwunden ist. Er musste es so formulieren, dass es für die damalige Menschheit halbwegs verständlich war.
- Jede Superzivilisation, wie der Kontinent Atlas, hinterlässt

bekanntlich Spuren, aber wenn dafür der Mond als einziger Zeuge bürgt . . .

In Werken anderer Schriftstellern fand ich von Homer ähnliches. Allerdings taucht der Name Atlantis nicht auf. Doch ist in vielen Erzählungen von einer großen Flut die Rede, die alles vernichtete, weil die Menschen sündhaft wurden. Vielfach tauchen in diesen Legenden Namen auf, die Ähnlichkeiten mit Atlantis haben. Plutrach, Proklus, N. Marcellus, D. Sikolus berichten ähnliches. Ebenso Timogenes von den Galliern, die aus drei verschiedenen Volksstämmen sich herleiten:

1. die Eingeborenen,
2. von arischen Galliern,
3. von einer fernen Insel namens Atlantis.

Auf griechisch hat Atlantis die Bedeutung „Tochter des Atlas". Bei Atlas handelt es sich nach der griechischen Mythologie um einen Riesen, einen Titanen, der den Himmeln auf seinen Schultern trägt. Dies ist wiederum eine Anspielung auf die „technische Größe" der Atlanten.

Einen linguistischen Hinweis auf Atlantis findet sich vielleicht beim Ozean selber, der ja den Namen Atlantik trägt. Erstaunliche Ähnlichkeiten in Mythen und Legenden von Kulturvölkern sind in vielen Namen erkennbar, die diese dem untergegangenen Inselreich geben wurden: Antilla bei den Phöniziern, Amenti in Ägypten, Arallu bei den Babyloniern, Avalon – Kelten, Atli bei den Wikinger, Attala bei den Berberen, Atlaintika bei den Basken, Atlantida bei den Portugiesen, Ad (Araber), Aztlán (Azteken). Nach den Mythen sind viele Überlebende der atlantischen Katastrophe nach Westen und Osten ausgewandert. Deshalb müssten sich auch die Sprachen der beiden Himmelrichtungen ähneln. In der Tat ist das so. Untersuchungen der Sprachen der Azteken und der Ägypter haben ergeben, dass diese beiden Sprachen erstaunliche Ähnlichkeiten haben. Auch Übereinstimmungen beim Vergleich der Sprachen auf beiden Seiten des Ozeans wurde gefunden. Diese Ähnlichkeiten dienen als Beleg dafür, dass sie einen gemeinsamen Ursprung im Atlantik haben. Es wird sogar so weit gegangen, dass die Behauptung aufgestellt wird, dass die Basken die lebenden Nachkommen der Atlanten seien, da sie eine Sprache sprechen, die keine Ähnlichkeiten mit einer anderen aufweist. Ein Überbleibsel von Atlas?

Auch die Blutgruppenforschung und genetische Untersuchungen sind stark verknüpft mit den Sprachuntersuchungen. Zum Beispiel werden Unterschiede im Genbestand verschiedener menschlicher Rassen untersucht. Zwei Rassen unterscheiden sich in ihren Erbanlagen um so mehr voneinander, je weiter sie sich von einem gemeinsamen Ursprung wegentwickelt haben. Diese Unterschiede in der Erbsubstanz werden als genetische Distanz bezeichnet. Die geringe genetische Distanz zwischen der Bevölkerung rund um den Atlantik verträgt sich gut mit den Vorstellungen von einem „versunkenen" Inselreich. Merkwürdigerweise nehmen auch hier wieder die Basken eine Sonderstellung ein. Die Basken sind, laut den Untersuchungen, der älteste Volksstamm Europas, mit genetischen Merkmalen, wie sie die Europäer am Anfang ihrer Entwicklung besaßen.

In der Bibel ist es die Geschichte des Noah. Bei den Azteken ist es Tezpi, bei den Mayas findet man auch eine genaue Beschreibung von einer Flutkatastrophe, auch bei den Indianern Nordamerikas, den Irokesen und den Chibcha-Indianern in Kolumbien. Ein Hopi-Mythos berichtet sogar von einem Land, *„in dem große Städte erbaut wurden, doch als das Volk verderbt und kriegerisch wurde, vernichtete eine große Flut die Welt. Wellen höher als Berge wälzten sich über das Land, und Kontinente brachen auseinander."* – Alle diese Legenden ähneln sich sehr.

Viele Forscher haben auch bei Tieren Beweise für das Vorhandensein von einem Kontinent im Atlantik gefunden. Zum Beispiel bei den Lemmingen, den skandinavischen Wühlmäusen. Wenn diese Tiere keine Nahrung mehr in ihrem Gebiet finden, tun sie sich zu großen Scharen zusammen, stürzen sich ins Meer und schwimmen nach Westen, das dann leider zum Ertrinkungstod führt. Diese Tiere sollen also eine instinktive Erinnerung an Atlas haben. Diese zeigt sich auch bei anderen Tierarten. Zum Beispiel bei verschiedenen Zugvögeln, die auf dem Weg von Europa nach Südamerika, etwa in der Gegend der Azoren, beginnen weite, konzentrische Kreise zu fliegen, so, als suchten sie Land.

Edgar Cayce, der schlafende Prophet, soll hellsichtige Aussagen gemacht haben, dass Atlas wieder auftaucht. Aber wie soll das gehen, wenn er uns jeden Abend am Himmel entgegenstrahlt? Er sagt auch, der Koptentradition folgend, dass Menschen, Söhne des Lichts, die Kräfte missbrauchten und die Insel vernichteten. Er beschreibt Atlas so, wie die USA Mitte des 20sten Jahrhunderts aussah, mit Flugzeugen und Atomkraft.

Weiters sollen sich dort großartig angelegte Kanäle, prachtvolle Tempel, Burgen und Schlösser befunden haben. Landwirtschaft und Ackerbau wurde betrieben, ausgedehnte Schifffahrt, und sie schafften es, den gesamten Planeten Erde zu unterwerfen. Nach seinen Aussagen wurden große Kristalle missbraucht, in denen man Energie sammeln konnte. Man konnte damit heilen und das Leben verlängern bzw. sich verjüngen ...

Rudolf Steiner schreibt in der „Akasha-Chronik", dass die ersten Atlanten ein anderes physisches Aussehen besaßen, worüber man in der Zeitschrift „Saturn Gnosis" von Eugen Grosche einige wunderschöne Abbildungen findet. Auch andere Geistesfähigkeiten konnten sie vorweisen. Sie besaßen ein ausgezeichnetes Gedächtnis, denn sie dachten in Bildern. Jedoch die Einweihung in die Magie unterlag anderen Maßstäben. Es geht wie immer nur um die Reife, den Charakter und die menschlichen Erfahrungen, sprich, um das Aufnehmenkönnen der hermetischen Riten und Gesetzen. Diese gehen ja immer der normalen Entwicklung voraus.

Die Atlanten hatten die Fähigkeit, aus einem Samenkorn die Lebenskraft rauszuziehen und sie für Fahrzeuge und Industrie zu verwenden (siehe „Akasha-Chronik"). Sie waren Beherrscher des Odes, genauso wie wir es heutzutage mit der Kohle bewerkstelligen. Ihre Fahrzeuge schwebten über dem Boden und Anion sagte mir, dass der Film „Metropolis" von Fritz Lang eine Rückschau in uralte Zeiten war, denn in diesem Film werden „Flugzeuge" gezeigt, die durch die Stadt fliegen und Züge, die hoch auf Gleisen fuhren. Der Regisseur konnte es nur mit Hilfe der damaligen Technik darstellen. Dies war nur möglich, da in der damaligen Epoche eine andere Luftdichte vorherrschte. Marby erwähnt dazu (in „Forschung und Erfahrung"), dass die „elektromagnetischen Strömungen" vor so langer Zeit anders waren wie heute. Dadurch ist die Aussage von R. Steiner bestätigt! Sie waren auch zu ganz anderen körperlichen Leistungen fähig. Nach Steiner glichen bis zur dritten Unterrasse die Häuser Baumsiedlungen. Es gab nach dem Antroposophen sieben Unterrassen der Atlanten:

1. Rmoahals.
2. Tlavatli.
3. Toltheken, in deren Kulturepoche sind die blühendsten Gemeinden entstanden. Doch diese Rasse missbrauchte die Kräfte der Lebenskraft und wurde egoistisch, was ihren Untergang besiegelte. Ihre physische Größe war immer noch riesig. Damit hängt auch der Begriff „Titanen" zusammen. Sie erholten sich schnell von Wunden, weil die Gesetze anders waren als heutzutage. Bei manchen Indianerstämmen heilen die Wunden immer noch sehr schnell, Strapazen können leichter ertragen werden. Des Weiteren aßen sie verfaulte Speisen, da ihr Nervensystem nicht so aufgebaut war wie unseres. In Birma gibt es noch Nachkömmlinge dieser

Spezies. Auch wurden furchtbare Waffen entwickelt, die sie in Kriegen aus Flugzeugen abwarfen und verheerende Wirkungen hervorriefen. Als Vergleich dienen die Streu- oder Napalmbomben. Auch die Gebäude, Tempel und Staatseinrichtungen waren wunderschön und riesig gehalten. Die Kunst ist zu einer bis heute nicht gekannten Blüte gekommen. Alles war reich verziert mit Bildern, Fresken, Säulenalleen usw.

4. Turanier.
5. Semiten, welche die Denkfähigkeit über den Egoismus stellten. Aus ihnen wurde dann die 5. Rasse, die Arier geboren. Dadurch verloren sie aber die Herrschaft über die Lebenskraft.
6. Akkadier.
7. Mongolen.

In Atlas fand die Sprache ihre Entwicklung. Aus diesem Grund sagen alle wahren Ariosophen und Runenkenner wie List, Kummer, Marby, Gorsleben und Lomer, dass die Runenmagie – Quabbalah, das schöpferische Wort – ihren Ursprung in Atlas nahm.

Geleitet wurden die einzelnen Rassen durch hohe Führer, die man auch als eingeweihte Magier bezeichnen kann. Sie unterwiesen die Atlanter in allen Dingen, Kultur, Wissenschaft, Kunst und Handwerk. Diese wurden als „Götterboten" verehrt und sind uns unter dem Namen „Die Blauen Mönche" bekannt. Sie verkehrten in geheimen Tempeln mit den hohen Göttern. Bis zur fünften Unterrasse ahnten sie nur etwas von der Erhabenheit dieser „Menschen", erst als sie das selbstständige Denken erlernten, konnte diese Rasse praktisch in die Mysterien eingeweiht werden. Die Besten der Besten wurden dafür ausgesucht und nach Innerasien (Shamballa) geführt, um sie dort astral eingehend zu schulen. Sie wurden auf Selbstständigkeit geschult, so dass sie auf eigenen Füße stehen konnten.

Ich zitiere „Aus der Akasha-Chronik" von Rudolf Steiner (S.55/1995):
„Immer mehr zogen sich die höheren Götterboten von der Erde zurück und überließen die Führung diesen menschlichen Eingeweihten, denen sie aber mit Rat und Tat zur Seite stehen. Wäre das nicht so, so käme der Mensch niemals zum freien Gebrauch seiner Denkkraft. Die Welt steht unter göttlicher Führung; aber der Mensch soll nicht gezwungen werden, das zuzugeben, sondern er soll in freier Überlegung es einsehen und begreifen."

Doch was sagen die Adonisten zum Thema? Nicht viel Sinnvolles, denn

Musallam erwähnt in seiner Zeitschrift „Dido", dass alles darüber Geschriebene Schwindel sei. Damit hat er zwar Recht, schüttet aber gleichzeitig das Kind mit dem Bade aus. Dass es viele Schwindler in der okkulten Szene gibt, ist eine bewiesene Tatsache, worüber er in diesem Artikel – Das Märchen von Atlantis (S. 135) – ausführlich berichtet. Ferner sagt er, dass eine gewaltige Katastrophe die beiden Erdteile Amerika und Europa-Afrika auseinander gerissen hatte. Ein Beweis sei der atlantischen Graben. Damit trifft er den Nagel auf den Kopf.

Sehr interessant hingegen ist die Geschichte der blauhäutigen Menschen. Da die Ägypter sehr viel wert auf ihre Farben legten, stellt sich die Frage, warum sie die Gottheiten wie Osiris, Thot, Ammon oder Schu in blau malten. Es gibt auch indische Götter die eine blaue Hautfarbe besitzen, zum Beispiel Krischna! Die Antwort lautet, dass sie entweder Nachkommen eines blauen Volkes waren oder als solche betrachtet wurden! Auch in den Hochanden gibt es noch „blaue Indianer", deren Hautfarbe angeblich auf Sauerstoffmangel zurückzuführen ist. Aber warum haben dann die Tibetaner keine blaue Haut? In der Umgebung von Agadir leben „blaue Menschen" und die Pikten in Schottland färbten sich die Haut blau. Auch die Redensart vom „blauen Blut" für Adel spricht dafür. Diese Tatsachen findet man meistens auf den Küstengebieten des Atlantik beschränkt. Da die Atlanten diese Hautfarbe hatten, blieb diese Erinnerung in der Küstenbevölkerung erhalten. Auch bei feierlichen Anlässen legten die königlichen Dynastien blaue Gewänder an, um ihre Zugehörigkeit zu dieser alten Rasse zu bezeugen. Platon schrieb unter Vorbehalt, dass auf Atlas bei feierlichen Gegebenheiten dunkelblaue Gewänder angelegt wurden. Die Wahrheit liegt eben etwas tiefer. Nach Hans Albert Müller ist die Bezeichnung „blaues Blut" bzw. „Blaue Mönche" in Asien bekannt.

Nach den Theosophen sollen die ersten irdischen Menschen die Atlanten gewesen sein, die vor acht Millionen Jahren ihren Ursprung hatten. Die komplette Kultur, die Ethik und Religion, Magie und Mystik kam aus Atlas. Auch die Alchemie fand nach Blavatsky (siehe „Geheimlehre") ihren Ursprung und ihre erste Renaissance in Ägypten.

Laut ihr soll es auch geheime Tempelanlagen geben, wo das ganze fehlende Wissen von dem Kontinent aufbewahrt wird. Dort wird auch bestätigt, dass man vor sehr langer Zeit zu Fuß über den Atlantischen Ozean gehen konnte, den Rest per Boot von Insel zu Insel. Auch viele Schöpfungsmythen decken sich nahezu vollkommen!

In Blavatsky´s „Isis Entschleiert" steht, dass gewisse Atlanter sich von dem großen unsichtbaren Drachen, dem König „Thevetat" – Schlange der Genesis – beeinflussen ließen und dieser flüsterte den Magiern „böse Dinge" ein. Heißt das nicht richtig gedeutet, dass die Magier sich mit der 15. Tarotkarte – dem Teufel – beschäftigten, wie Anion bereits sagte, welcher ihnen die materiellen Tipps zur Erschaffung eines eigenen Planeten für magisch-mystische Zwecke gab?

Die Anhänger der Theosophie behaupten sogar, wie Dr. Rudolf Steiner, dass die Dhyan-Chohans, die Schöpfergottheiten, Magier höchsten Ranges, sich in der vierten Rasse inkarnierten. Sie wurden aufgrund ihrer „geistigen" Größe auch als Titanen bezeichnet. Deshalb wird Atlas von ihren Bewohnern auch als „die ganze Erde" bezeichnet, denn die Atlanten sind die „Gewaltigen in der Welt"! Dadurch wurde der Kontinent Atlas zum Symbol der vierten Rasse.

Gregorius, Meister des Ordens „Fraternitas Saturni", schreibt in seiner Logenzeitschrift auch einen Artikel über diesen Kontinent. In seinen „Blättern zur angewandten okkulten Lebenskunst" steht, dass einer der alten Monde, Horos genannt, den Untergang von Atlantis durch seinen Absturz auf die Erde herbeigeführt haben sollte. Diese Theorie kommt daher, weil nach einer alten ägyptischen Sage der Gott Horus eines seiner beiden Augen verloren hatte und auf die Erde fiel. Das Linke stellt mythologisch den Mond dar. Wie ich im Vorwort bereits erwähnt habe, kann man solche Legenden auch anders deuten, nämlich nach der christlichen Dreifaltigkeit:

1. Gott Vater steht für Akasha, die Mitte, also das Seelische.
2. Der heilige Geist für die Mentalebene.
3. Horus, der Sohn von Isis und Osiris, symbolisiert die Materie.

Horos verlor bei einem Kampf auf Erden sein linkes Auge, welches sich jetzt symbolisch als Mond am Himmel befindet.

Diese Theorie des abstürzenden Mondes stammt ursprünglich von Hanns Hörbigers „Glazial-Kosmogonie" aus dem beginnenden 20. Jahrhundert. Selbst Peryt Shou hat diese Aussage in seinen Werken über Atlantis übernommen. Nun aber zu Hörbigers Ansicht: Er sah auf den Gipfeln Südamerikas, hoch über den flutenden Ozeanen, eine maritime Weltkultur, in der er und sein Schüler Bellamy die Kultur von Atlas sahen. Bellamy entdeckt in den Anden in einer Höhe von viertausend Metern die Spuren von Meeressedimenten, die sich über siebenhundert Kilometer erstrecken. Der in der Nähe des Titicaca-Sees gelegene Tiahuanaco lag früher am Meeresrand und wurde nach der Katastrophe angehoben. Die Ruinen von

Tiahuanaco zeugen von einer viele hunderttausend Jahre alten Kultur, die keinerlei Ähnlichkeit mit irgendeiner der späteren Zivilisationen aufweist. Hier werden, nach den Anhängern Hörbigers, die Spuren der „Riesen" in unerklärlichen Monumenten sichtbar. So befindet sich hier zum Beispiel ein neun Tonnen schwerer Steinblock, der auf sechs Seiten drei Meter lange Zapfenlöcher aufweist, deren Bedeutung den heutigen Architekten unbegreiflich ist. Außerdem hat man Tore von drei Meter Höhe und vier Meter Breite entdeckt. Sie sind aus einem einzigen Stein gefertigt und weisen Türen auf, die mit dem Meißel gehauene Fenstervertiefungen und Skulpturen beinhalten. Eines dieser Tore ist zehn Tonnen schwer. Mauerkuben mit einem Gewicht von sechzig Tonnen ruhen auf hundert Tonnen schweren Sandsteinblöcken, die wie Keile in die Erde gerammt sind. Zwischen diesen rätselhaften Ruinen erheben sich riesige Statuen, von denen eine im Garten des Museums von La Paz aufgestellt wurde. Sie ist acht Meter hoch und wiegt zwanzig Tonnen. Selbstverständlich sind die Skulpturen von den Riesen, einer frühen atlantischen Unterrasse verfertigte Selbstporträts. Der deutsche Archäologe Victor W. von Hagen, der mehrere Arbeiten über dieses Gebiet verfasste, berichtet von einer mündlichen Überlieferung der in der Nähe des Titicaca-Sees lebenden Indianer, nach welcher Tiahuanaco erbaut wurde, bevor noch die „Sterne" am Himmel standen (kein Mond war zu sehen?). Sollten diese Monolithen tatsächlich von den Riesen behauen und für ihre Schüler, die Menschen, aufgestellt worden sein? Sollten diese Skulpturen mit ihrer für unsere Begriffe beinahe unfassbaren Abstraktion und Stilisierung wirklich von jenen Meistern stammen, so befänden wir uns hier an der Wiege der Sagen, laut denen die Künste den Menschen von den Göttern geschenkt wurden, und wir hätten den Schlüssel zu verschiedenen ästhetisch orientierten mystischen Richtungen in der Hand.

Unter diesen Skulpturen finden sich auch stilisierte Wiedergaben eines Tiers, des Toxodons, eines seit Jahrtausenden ausgestorbenen Säugetieres, dessen Knochen unter den Ruinen von Tiahuanaco entdeckt wurden. Nun weiß man aber, dass das Toxodon nur in der Tertiärzeit gelebt haben kann. Und schließlich gibt es in dieser Ruinenstadt, die etwa hunderttausend Jahre vor dem Ende der Tertiär-Epoche entstanden sein dürfte, einen im getrockneten Schlamm eingebetteten Portikus, von Pfeilern gestützte Vorhalle, dessen Dekorationen der deutsche Archäologe und Schüler Hörbigers Kiss zwischen 1928 und 1937 eingehend untersucht hat. Sie stellen seiner Ansicht nach einen Kalender dar, der nach den

Beobachtungen der Astronomen des Tertiärs, vor 6,5 bis 2,6 Millionen Jahren, aufgezeichnet wurde. Dieser Kalender liefert uns unanfechtbare wissenschaftliche Tatsachen. Er gliedert sich in vier Teile, die durch die Sonnenwenden und die Tag- und Nachtgleichen, welche die astronomischen Jahreszeiten markieren, voneinander getrennt sind. Jede dieser Jahreszeiten wiederum zerfällt in drei Abschnitte, und innerhalb dieser zwölf Unterabteilungen wird die Position des Mondes (= der alte Mond) für jede Stunde des Tages sichtbar.

Außerdem sind die beiden Bewegungen des Satelliten, und zwar seine scheinbare und seine wirkliche Bewegung unter Berücksichtigung der Erdrotation, angezeigt. Alle diese Einzelheiten müssen die Überzeugung in uns erwecken, dass die Menschen, die diesen Kalender erfanden und anwendeten, einer höheren Kultur als der unseren angehörten. Die Schüler Hörbigers fanden in Tiahuanaco auch die Überreste eines großen Hafens mit riesigen Molen, von wo aus die Bewohner von Atlas – denn zweifellos handelt es sich um dieses sagenhafte Land – mit ihren vortrefflich ausgerüsteten Schiffen ausliefen, um auf dem Ring der Ozeane die Welt zu umfahren.

Die damalige Kultur erstreckte sich demnach über den ganzen Erdball, und diese Tatsache erklärt die Übereinstimmungen, die zwischen den ältesten Überlieferungen der Menschheit bestehen. Die Menschen und ihre Riesenkönige, die einen hohen Grad der Vergeistigung und der Verfeinerung der Erkenntnisse und Techniken erreicht haben, sind im Stande, ein fünftel von der Erde abzusprengen und einen eigenen Planeten zu schaffen. Dass sie imstande waren, einen ganzen Planeten zu vernichten, wird im Science-Fiction Film „Krieg der Sterne" wiedergegeben, wo gezeigt wird, wie ein hypermodernes, technisiertes Imperium einen Himmelskörper auf einen Schlag vernichtet. Das ist zwar nur Fiktion, aber auch in der Dichtung liegt manchmal die Wahrheit verborgen. (vgl. die Werke von Jules Verne).

In Mexiko haben die Tolteken heilige Texte hinterlassen, welche die Erdgeschichte genau entsprechend den obigen Thesen schildern. In Neuguinea errichten die Malekulas noch immer, ohne die eigentliche Bedeutung ihres Tuns zu erfassen, mehr als zehn Meter hohe behauene Steine, die die Darstellungen des „erhabenen Ahnherrn" sein sollen und in ihren mündlichen Überlieferung wird der (neue) Mond als Erschaffer des Menschengeschlechts angesehen.

Eine europäische Legende besagt, dass die „Mittelmeer"-Riesen nach der großen Katastrophe aus Abessinien herabgestiegen sein sollen, und die Überlieferung nennt dieses Hochplateau die Wiege des jüdischen Volkes und das Heimatland der Königin von Saba, der Bewahrerin alter Weisheiten. Bellamy, der englische Archäologe und Schüler Hörbigers, findet rund um den Titicaca-See die Spuren von Katastrophen, die einen hypothetischen Absturz des Tertiär-Mondes vorausgingen. Aber genauso gut hätte er die umgekehrte These des Herausreißens des Monde aus der Erde vertreten können. Anzeichen dafür gab es viele. Rings um Tiahuanaco vermitteln Ruinen den Eindruck, als seien hier Werften und Zimmermannsplätze urplötzlich verlassen worden, Werkzeuge überall liegengeblieben. Die atlantische Hochkultur, die während mehrerer tausend Jahre den Angriffen der Elemente ausgesetzt war, erschlaffte plötzlich und unerwartet.

Und vor 150.000 Jahren schließlich ereignete sich (auch nach Hörbiger) die große Katastrophe: Der Mond wird abgesprengt, ein entsetzliches Bombardement erschüttert den Mond. Die irdischen Berggipfel entstehen und werden aufgetürmt. Sämtliches technische Gerät, alle Häuser und andere Einrichtungen werden davongetragen und zerstört, die Maschinen versagen oder explodieren, der Tod rafft Myriaden und aber Myriaden von Lebewesen dahin, die Gelehrten sind mitsamt den Wissenschaften verschwunden, die soziale Organisation ist vernichtet.

Wenn die Kultur in Atlas den denkbar höchsten Stand der technischen Perfektion und der einheitlichen sozialen Gliederung erreicht hatte, so konnte sie sich auch plötzlich, fast ohne eine Spur zu hinterlassen, verflüchtigen. Das ist auch der Grund, warum die Legende angezweifelt wird, weil es keine Reste mehr von dieser Hochkultur gibt! Man stelle sich nur vor, wie in – fiktiv gesprochen – einigen Tausenden von Jahren der Untergang unserer eigenen Kultur sich vollziehen könnte. Verschont bleiben in einem solchen Fall nur diejenigen, die außerhalb unserer technischen Zivilisation leben. Und eben weil wir auf dieser äußersten Stufe des technischen Fortschrittes angelangt sind, wäre dies ein gewaltiger Rückschritt, wenn plötzlich von heute auf morgen – wie Platon es treffend ausdrückt „im Verlauf eines schlimmen Tags und einer schlimmen Nacht" – alles verschwunden wäre.

Gerade die größten Zivilisationen sind es, die im Handumdrehen spurlos untergehen können. Ein solcher Gedanke mag lästig und störend sein, aber es existiert dafür eine hohe Wahrscheinlichkeit. Man müsste sich nur vorstellen, dass der Staat, das Fundament und seine gesamte Organisation, auf der die atlantische Kultur des Tertiär sich möglicherweise aufbaute, mit einem Schlag in die Luft gesprengt wurde. Den Überlebenden bleibt nichts übrig, als in die neuen schlammigen Hochebenen, die die Explosion gebildet hatten, sich zurückzuziehen, sich den riesigen Gebieten des neuen Kontinents zuzuwenden, die eben erst aus der neu geformten Erde aufgetaucht sind und auf denen erst in Jahrtausenden eine nutzbringende Vegetation gedeihen kann.

Die „Riesenkönige" sind am Ende ihrer Herrschaft angelangt und die Menschen in den Zustand der Wildheit zurückgesunken. Sie verlieren sich mit ihren letzten gestürzten „Göttern" in den Tiefen der kalten Nächte (Eiszeit), die der Erde nunmehr beschert sind. Vor 150.000 Jahren geschah diese Katastrophe.

Hörbiger soll die Zeitspanne berechnet haben, in der unser Globus von keinem Satelliten umkreist wird, wobei er sich aber leider mit seiner Aussage vertan hat. Im Verlauf dieser langen Periode entstehen unter Führung der letzten Riesenkönige (= Blaue Mönche) neue Zivilisationen. Sie siedeln sich auf den zwischen dem vierzigsten und dem sechzigsten nördlichen Breitengrad gelegenen Hochebenen an, während auf den fünf hohen Gipfeln der Tertiär-Epoche noch einige Reste des Goldenen Zeitalters verbleiben. Die Hypothese dieses Riesenreiches ermöglicht es uns, sämtliche alten Überlieferungen und Berichte miteinander in Einklang zu bringen.

Als die Insel Atlas unterging, war das Geschehen derartig abrupt, plötzlich und schnell, dass die Menschheit in die Neandertalerzeit zurücksank. Sie veränderten ihr Aussehen, denn die damit verbundene Eiszeit machte sie zu tierähnlichen Menschen (vgl. Platons Aussage!). Die Eiszeit, eingeleitet durch den Polsprung, stimmt mit dem Untergang der Insel überein. Vor 150.000 Jahre.

Zu dieser Aussage muss ich noch hinzufügen, dass die Wissenschaft annimmt, dass sich das Vollkommene aus dem Unvollkommenen entwickelt hat. Danach müsste der Eiszeitmensch tatsächlich von einem affenähnlichen Vorfahren abstammen und es hätte eben keine frühere Menschheitskultur geben können. Dabei handelt es sich aber um eine Fehlspekulation der Naturwissenschaft, denn nehmen wir das Beispiel des unvollkommenen Kindes, so müssen wir feststellen, dass es nicht von noch Unvollkommeneren abstammt, sondern vom Vollkommeneren, seinen Eltern!

Die Erde existiert laut der Wissenschaft seit mehreren Milliarden von

68

Jahren und würden wir diese Zahl auf ein Ziffernblatt einer Uhr übertragen, dann wären schon 12 Stunden vergangen, ehe die ersten primitiven Lebensformen auf der Erde erscheinen. Der Mensch aber würde erst fünf Sekunden vor 24 Uhr in Erscheinung treten. Das bedeutet aber, fünf Sekunden Menschheit im Vergleich zu 86395 Sekunden Tierheit und toter Stofflichkeit!

So eine unsinnige Rechnung kann nicht stimmen, sagt unser inneres Gefühl, denn wir würden gegen die Prinzipien der Entwicklung verstoßen. Sie würde nur stimmen, wenn die früheren Menschheitsepochen proportional mit der Entfernung von der Gegenwart wachsen und in den alten Rassen riesengroß werden würde, d. h., je älter die Rasse, desto länger ihre Lebensdauer auf Erden.

Die Entwicklung des Menschen geht nicht immer geradlinig, aufwärtsstrebend vor sich. Immer gibt es einen Untergang, der einen neuen Aufstieg bahnen soll. Wenn man sich dann die Katastrophe von Atlas ansieht mit der totalen Veränderung der Erdoberfläche, kann man sich diesen Fall der Menschheit gut vorstellen.

Dass Ägypten eine atlantische Kolonie war, das belegt der bekannt Schüler des Yogis „Ramana Maharshi", Paul Brunton, in dem er sagt, dass es 80.000 Jahre alte Pyramiden in Ägypten geben soll. Als ich dies von Anion bestätigt haben wollte, bejahte er dies, aber erklärte mir gleichzeitig, dass es unter der Wüste noch viel ältere verschüttete Gebäude gäbe.

Die ägyptische Kultur hatte keinen Anfang, keine Frühzeit, keine Kindheit. Sie war plötzlich da und das gibt den Wissenschaftlern Rätsel auf. Sie wissen nicht, woher und von wem die Bauten, die Kunst und alles weitere herkam.

Die Atlanten haben sich vor 400.000 Jahren in Ägypten niedergelassen. Als kleinen Beweis dafür gibt es eine Reihe von Statuen, die in Heredots Zeit noch 341 betrugen und wenn man hypothetisch annimmt, dass jeder Pharao 20 Jahre lang regiert hat, dann kommt man schon auf ein Alter von 17.000 Jahren. Das deutet auf eine viel frühere Entstehungszeit hin, als die Wissenschaft angenommen hat. Aber auf solche Beweise wird nicht eingegangen.

Merkwürdig ist die Tatsache, dass es in Ägypten eine Reliefwand gibt, wo auf einer Seite alle bekannten Pharaonen seit Menes, dem ersten offiziell bekannten Kaiser, aufgelistet sind. Nur übergehen die Wissenschaftler die gegenüberliegende Wand, wo weitere Pharaonen vor Menes beschrieben stehen, die weder bekannt noch irgendwie einzuordnen sind. Dass es sich hierbei um atlantische Pharaonen handeln könnte, unterschlagen sie gerne. Des Weiteren werden im Turiner Papyrus Könige erwähnt wie Seb, Seth, Osiris, Horus, Thot-Hermes und die Göttin Ma, denen eine Regierungsperiode von mehreren Jahrhunderten zugeschrieben wird. (Vergleiche die Lebensdauer von Hermes in der Schrift „Eine Adonistische Geschichte" von Seila Orienta).

Als ich meinen Freund Anion auf die Vernichtung des ehemaligen Planeten, des alten „Mondes" und deren Menschheit ansprach, sagte er, dass die alte Mondbevölkerung ihre Entwicklung im jetzigen Brahmatag schon vollendet hätte. Sie wurden also im eigentlichen Sinne des Wortes nicht getötet. Anion erklärte mir weiteres, dass damals das Herz direkt in der Mitte der Brust lag – ein Zeichen für den mittigen Tiefenpunkt – und nach der Katastrophe wurde es als Denkanregung auf die linke Seite versetzt!

Die ganze Genetik auf Atlas war auf einem so hohen Stand, den wir frühestens in ein paar Jahrhunderten erreichen. Was jetzt kommt, klingt zu fantastisch, als dass es wahr sein könnte. Die atlantischen Genetiker waren in der Lage, Kreuzungen zwischen Mensch und Tier zu schöpfen. Viele griechische Sagengestalten wie zum Beispiel das Pferd mit menschlichem Oberkörper, Zentaurus, oder auch die Kampfrasse des Minotaurus, sind nur kleine Beispiele ihrer Verworfenheit. Die Letzteren waren so brutal, so grausam und kräftig, dass sie über den Kontinent berüchtigt waren. In ihren Kriegen flossen Unmengen von Blut und Körperteile flogen nur so herum!

Ein Bild von einem Gefangenen auf einem babylonischem Relief zeigt ein Mischwesen zwischen Mensch und Affe. Der Kopf ist menschlich, aber der Rest stammt von einem Affen – ein Überbleibsel aus Atlas? Oder: In einem Museum in Upsala ist ein sehr altes, hundsköpfiges Bild eines Mannes ausgestellt, der eine atlantisch-genetische Mutation darstellt.

Sie züchteten auch noch Lustsklaven mit großen weiblich bzw. männlichen Geschlechtsorganen und einer enormen Potenz. Als Kindermädchen hatten sie Katzenmenschen geschöpft, da sie die tierischen Instinkte mit menschlicher Intelligenz verbanden. Die Katzen sind nämlich ein Symbol für die Mutterschaft.

Blavatsky schreibt auch, das die Atlanten einige Mischrassen züchteten, die aber schon längst ausgestorben sind. Nur wusste die gute Dame noch nichts von der Genetik, bzw. konnte sie dies vor ca. 130 Jahren keinem erklären.

Doch diese Mischrassen hatten noch so viel Intelligenz, dass sie sich gegen ihre Herren auflehnten und es kam zu fürchterlichen Aufständen, die brutalst niedergemetzelt wurden. Man muss bedenken, das diese

Mischwesen einen sehr niedrig stehenden Geist hatten, der aber immerhin menschlichen Ursprungs war! Doch es geht noch weiter. Sie waren auch in der Lage, über die Genetik den „Jungbrunnen" zu erschaffen, d. h., dass sie die Menschheit auf ein Alter bis über 900 Jahren bringen konnten. Davon belegt die Bibel die besten Zeugnisse. Zum Beispiel wurde

- Adam 930 Jahre alt
- Set 912 Jahre alt
- Enosch 905 Jahre alt
- Kenan 910 Jahre alt
- Mahalalel 895 Jahre alt
- Jered sogar 965 Jahre . . .

Das Paradies soll nach einigen mythologischen Aussagen Atlas gewesen sein, das goldene Zeitalter. Über 70 Flutlegenden gibt es in den Sagen. Die Edda besingt angeblich die Katastrophe. In Grönland, dem „grünen Land", gibt es Flutmarken bis 1000 Meter Höhe. Ein Indiz für eine Katastrophe? Die richtige Ansicht, dass unser Mond nicht von jeher am Himmel gestanden sei, war im gesamten Altertum allgemein verbreitet! Marby sagt auch, dass Atlas die Urheimat der Arier war. Die reinsten geistigen Ideen haben sich im hohen Norden – Deutschland, und den skandinavischen Ländern – am Leben erhalten. Weiter sagt er in „Forschung und Erfahrung", dass die Schrift der Osterinseln eine Runenschrift ist, und wie alle asiatischen Schriften von dieser abstammen. Man braucht nur Vergleiche anstellen und man findet ohne großes Vorwissen starke Ähnlichkeiten der Schriftzeichen. Dass „runisch" geschrieben wurde, erkennt man daran, dass alle asiatischen Sprachen sich von der Runenurschrift herleiten lassen. Die Chinesische, das Japanische, Koreanische und ebenso Sanskrit. Alle Religionen haben Runensymbole, was darauf schließen lässt, dass sie auch die Magie derselben praktizieren. Die erste Schrift kam laut Aussage von Blavatsky von den Atlanten, die, wie die Ariosophen sagen, die Runenschrift war. Das deckt sich mit dem Zitat von ihr, dass die vierte Rasse – die Atlanten – das AUM verloren haben. Das bedeutet, dass der Gebrauch der Ur-Runen verloren ging! Es gibt Jahrtausende alte Runentafeln, die man in Schweden gefunden hat, die dies wieder belegen.
In vielen Ländern gibt es Pyramiden. In Ägypten, bei den Mayas, in China und sogar in Europa. Die Pyramiden sind ein Symbol der Magie. Das Viereck als Basis stellt die vier Elemente dar, die vier Dreiecke

symbolisieren die drei Ebenen, die Spitze ist Akasha und der Kreis, den man um die vier Ecken der Basis ziehen kann, stellt die Gottverbundenheit dar. Man muss das nur noch in einem logischen Zusammenhang bringen und schon hat man die Einweihung! Das man die Runen wieder mit der Pyramidenform in Einklang bringen kann, rührt daher, dass z. B. die Sig-Rune dem Feuerelement und die K-Rune dem Wasserelement analog ist. Der Rest wird der Intuition überlassen . . .

Es wurden in Atlas sämtliche Tarotkarten veröffentlicht, da die Entwicklung viel fortgeschrittener war als heutzutage. Sämtliche Entsprechungen der religiösen Mythen kamen aus dem untergegangenen Kontinent. Die Pyramiden sind ein Symbol der universellen, vierpoligen Magie, der Hermetik und bleibt in allen Ländern gleich universell. Hermes und Meister Joschua hatten blaue Augen, obwohl das nicht mit ihrer irdischen Rasse übereinstimmt. Dies war ein Hinweis auf Atlas bzw. auf die Blauen Mönche.

Die Sage von dem Riesen Atlas, der auf den Schultern die Weltkugel trägt, scheint ein Symbol der politischen und geistigen Macht von Atlantis gewesen zu sein, die durch ihre Kulturüberlegung alle anderen Länder beherrschte.

Es ist eigenartig, dass sich so viele Tempelanlagen auf unzugänglichen Höhen befinden. Das kommt daher, dass nach der Katastrophe sich die Gebirge gebildet hatten und die Tempel und Bauten auf die Anhöhen erhoben wurden, welche sich früher auf Meereshöhe befunden haben.

Bei den Indianern Columbiens gibt es eine Sage mit den Worten: *„ Vor vielen Jahrtausenden, **als es den Mond noch nicht gab**, erschien ein weißer Mann mit langem Bart, der den Sonnenkult einführte. Er lehrte den Eingeborenen Astronomie und hohe Wissenschaften."* – Es gab zwar einen „Mond", doch dessen Umlaufbahn war eine andere.

Des Weiteren berichtet das Buch der Tolketen, dass der Hura-Chan das Land überflutete und am Himmel ein großer Brand beobachtet wurde. Der Grund lag darin, dass der Mond, als er aus der Erde herausgerissen wurde, noch immer glühte . . .

Es gibt auffallende kulturelle Übereinstimmungen zwischen der Ost- und Westküste vom Atlantik in Architektur, Malerei, Kunst, Schifffahrt, Religion, Gebräuche, Sagen usw. Die Griechen verehrten Pan als ihren Urschöpfer und in Mexiko gibt es einen Panca, der die gleichen Ehren genießt. Oder Jupiter, der Donnerpfeile in seinen Händen hält, stimmt im Westen mit dem Gott „Mixcoatl" überein.

Es gibt auch Abbildungen von bärtigen Männern in Südamerika, obwohl den Indianern der Bart fremd ist. Auch decken sich alle Sagen, dass die Kulturen von Männern, zum Teil fliegenden, aus dem Osten – Atlas – gekommen sind und ihnen beim Aufbau derselben halfen.

Geschichtliche Tatsachen wurden theologische Dogmen. Viele Mythen sind zeitlich total verschoben. Yudishthiro – König aus der Bhagavat Gita – war z. B. ein atlantischer König und wurde nicht im Jahre 3102 v. Ch. geboren. Sämtliche Kriege im Mahabharatha und Ramayana sind atlantische Kriege. Ebenso berichtet Homers „Ilias" und „Odyssee" von atlantischen Ereignissen und nicht von griechischen Begebenheiten, welche nur von einem kümmerlichen Überrest jener einstmaligen herrlichen Nation berichten. Odysseus fuhr nach Aia, um dort seine Irrfahrt fortzusetzen. Das war Atlas. Selbst die einzelnen Überlieferungen stimmen zeitlich nicht, da sie esoterisch gelesen werden müssen. Der Ariosoph Lanz von Liebenfels sagt, dass der Kampf zwischen David und den Riesen Goliath eine viel ältere Geschichte ist, als in der Bibel angedeutet wird, denn Goliath war an die drei Meter groß. Das weist auf einen Kampf zwischen den Lemurianern und Atlantern hin. Das Alte Testament, als „Geschichtsquelle", wirft die Rassen und Zeitalter komplett durcheinander.

Dass darüber nur **Legenden** existieren, bestätigt Blavatsky in ihrer Geheimlehre Band II/S.512: *„Die Zeit war damals noch nicht gekommen, wie auch jetzt die Stunde noch nicht geschlagen hat, um alles zu sagen."*

Vom Begriff „Atlas" – so steht es in ihrer „Geheimlehre" – kommt der Name Atlantis her. Weiters schreibt sie, dass „Atlas" Atlantis ist, welcher die neun Kontinente und deren Horizonte auf den „Schultern" trägt.

Jamblichus – eine Inkarnation des Arion – sagt: *„Die Assyrer haben nicht nur die Denkmäler 27 Myriaden von Jahren (270.000 Jahren) aufbewahrt, wie Hipparch von ihnen sagt, sondern dergleichen auch die der ganzen Apokatastasen und Perioden der sieben Beherrscher der Welt."* (aus Proclus: In Timäun).

Ich zitiere nun aus Donnelys Buch „Atlantis" (S.177): *„Die moderne Zivilisation ist atlantisch . . . die Erfinderkraft des gegenwärtigen Zeitalters nimmt das große überragende Schöpferwerk dort auf, wo es Atlantis vor Jahrtausenden hinterlassen hat."*

4. Zu den Riesen- und Knochenfunden:

Auch in Sagen und Märchen haben sich die Kämpfe zwischen den Atlanten und den verschiedenen Mischrassen wie den Zwergen erhalten. Diese Form der Genzüchtung wurde für niedere Arbeiten missbraucht. Daher rühren die Rätsel um die in Deutschland und anderen Orten existierenden Erdställe, worüber die Wissenschaft im Dunkel liegt. Die Sagen von den Schmieden oder Riesen sind zum Teil Überbleibsel dieser alten Zivilisationen! Auch in der Edda gibt es Andeutungen.

Dass es diese Riesen gegeben haben muss, darauf deutet die Aussage von Charles Darwin, der Begründer der Evolutionstheorie, hin, der selbst sagte, dass Mutationen immer daherkommen, dass es die Mutation als eigene Art oder Rasse schon früher gegeben hat. Nur keiner wendet diesen entscheidenden Spruch auf die Menschen an. Er wird nur bei Pflanzen und Tieren verwendet.

Da die Lemurianer und die ersten Atlanten bis zu ca. fünf Meter große Riesen waren, die in den Mythen als Titanen und Giganten dargestellt werden, war es ihnen natürlich möglich, gegen die gigantischen Dinosaurier zu kämpfen. Ich kann mich daran erinnern, als ich als kleines Kind ein „Tarzanheft" gelesen habe, wo er und seine Freunde gegen die Saurier gekämpft haben. Das berichtete ich sogleich meinem Vater, weil mir das irgendwie logisch erschien. Jedoch meinte er, dass die Wissenschaft schon bewiesen hat – Radio-Carbon-Methode – dass dies nicht der Fall sein kann. Im Zeitalter der Saurier lebten vor 60 Millionen Jahren keine Menschen. Ich hingegen war enttäuscht! Doch meine Freude kehrte wieder, als in einer Dokumentation über das Turiner Grabtuch gezeigt wurde, dass Bestandteile einer Sumpfleiche in drei renommierte Labore zur Bestimmung des Alters des Toten geschickt wurden. Jedoch konnte kein Zeitpunkt festgelegt werde, da die Ergebnisse der Labore sich um 800 Jahre unterschieden! Wo, frage ich mich dann, hat die Archäologie überhaupt noch Recht?

Auch K. O. Schmidt beschreibt eine selbsterlebte Geschichte, die meine oben erwähnte kindliche Vorstellung bestätigte: *„Diesen inneren Gesichten gingen seltsame Traumreihen voraus, von denen nur eine erwähnt sei: . . . Ich sah mich im Traum, dessen Szenen noch Jahrzehnte hindurch unverwischbar vor meinem inneren Auge standen, auf der Flucht vor einem saurierartigen Tier, das wegen der dichtstehenden Bäume, unter deren*

Schutz ich flüchtete, Mühe hatte, mir kleinem Wesen zu folgen . . . Auf dieser Flucht stolperte ich beim Rückwärtsblicken unversehens über einen quer über den schmalen Waldpfad gefallenen Baum, wobei ich mit der Nase auf die sechseckigen Blattnarben fiel, deren Bild mir unvergesslich blieb . . . Schließlich erhob ich mich und setzte die Flucht fort, bis ich die Grenze des Waldes erreichte. Und da sah ich in der Abenddämmerung in der Ferne eine mit tausend Türmen himmelwärts strebende, gläsern anmutende Metropolis, deren Gebäude in hundert Farben von innen her zu strahlen schienen. Zwischen den Türmen schwirrten winzige Flugwagen ähnliche Gebilde runden Öffnungen zu, in denen sie verschwanden . . . "

Es gab auch uralte atlantische Bibliotheken, wo schriftliche Aufzeichnungen auf Tierhäuten von erlegten Riesentieren aufgeschrieben wurden. Man hat angeblich bis jetzt noch kein Riesenskelett von fünf Metern gefunden, da damals alle Leichen verbrannt wurden, meint Blavatsky. Der Rest hat sich seit Millionen von Jahren aufgelöst. Es gibt jedoch klassische Berichte von alten Schriftstellern, die aussagen, dass drei Meter große Riesenskelette gefunden wurden. Es werden jetzt auch noch solche Funde gemacht, aber da man sie nicht zuweisen kann, werden sie einfach in das Gebiet der „Kryptozoolologie" geschoben, die sich mit unbekannten Tierarten beschäftigen.

Aber Ausgrabungen von riesigen Skeletten von 12 Fuß – 3,50 Metern – wurden gemacht. In den Legenden der Puranen, bei Homer, Hesiod werden sie erwähnt.

Das Thema, das ich nun aufgreife, ist dermaßen interessant, weil es aufzeigt, dass es die frühe atlantische Riesenrasse wirklich gegeben hat:

- 1613 in der Umgebung des sogenannten „Riesenfeldes", vier Meilen von St.Romans in Frankreich, fand man ungeheuer große Knochen.

- Alte Gebäude werden als Beweis erbracht, dass unsere Vorfahren nicht größer waren als die heutigen, die Eingangstore der Gebäude entsprechen den unseren. Was ist aber mit den „Riesentoren" in Baalbek im Libanon und Tiahuanaco in Peru, dessen Größe bis an fünf Meter heranreicht?

- Die Geologie bestätigt, dass je älter ein Gerippe ist, desto höher, größer und mächtiger ist ihr Bau.

- F. de Rougemont sagt, dass die Schädel, die in Österreich, in Liege usw. gefunden wurden, an einen farbigen Typus erinnern und aufgrund ihres Typus irrtümlich für Tiere gehalten werden können, doch alle waren Menschen von hoher Statur.

- Tertuillian sagt, dass Riesenskelette in Karthago gefunden wurden.
- 1858 schreibt eine Zeitung von „Riesensarkophagen".
- Philostratus sagt, es wurden Riesengerippe von 22 Ellen Größe gefunden.
- Messekrates fand ähnliches.
- Abbe Pegues schreibt von gefundenen Riesenschädeln der Titanen.
- In Amerika wurden in der Nähe von Munte Massen von ungeheuren, menschlichen Knochen entdeckt.
- Man fand 17 hockende Leichen mit Totenschmuck und als Grabbeigaben lagen neben ihnen vorsintflutliche Tiere.
- Verschiedene Steinkreise in Indien bargen viele menschliche Knochen von sehr bedeutender Größe
- E. Biot – Wissenschaftler – schreibt in einem Aufsatz, dass im „Feld der Toten" riesige Knochen gefunden wurden, welche die Einwohner die „Wohnungen der Rakshasas" oder Riesen benannten.
- In Wien gibt es eine Kirche, die ein „Riesentor" hat, an dem auch „Riesenknochen" hängen

Kurz vor dem Untergang von Atlas hatten die Bewohner ungefähr dieselbe Größe wie die jetzigen Menschen.

Warum, so frage ich mich erneut, sollten alle diese (zum Teil alten) Schriftsteller lügen?

Sogar in China gibt es fünf sogenannte „Baminstatuen", die aber entgegen der Ansicht der Öffentlichkeit keine Buddhastatuen darstellen. Die Größen liegen zwischen 173 Fuß – 70 Fuß kleiner als die Freiheitsstatue in New York – bis zu einer der heutigen Menschheit entsprechenden Größe. Trotz der hängenden Ohren, die nur im mongolischen Birma und Siam vorkommen, denn Buddha war arischer Hindu, weisen sie keine typischen Buddhamerkmale auf. Ein Reisender, der vor vielen Jahrhunderten dort war, berichtet vom enormen Glanz der goldenen Gewandung, die ihn stark blendete. Talbot, ein Wissenschaftler, der sie eingehend untersucht hatte, sagt, dass die Gewandung einer viel früheren Epoche angehört hatte, als der buddhistischen. Er fragt sich zu Recht, woher die Statuen stammen. Es existiert eine schriftliche Überlieferung, dass buddhistische Mönche die Statuen ummodelliert und sie mit Stuck bekleidet haben. Madame

Blavatsky´s Erklärung ist, dass der Ursprung dieser fünf Statuen von Überlebenden Atlanten stammt und ein unvergängliches Zeugnis von einer esoterischen Lehre der stufenförmigen Entwicklung der Rassen darstellt.

Quellen:

Saturn Gnosis
Weiße Fahne
Zentralblatt für Okkultismus
Blätter für angewandte okkulte Lebenskunst
Forschung und Erfahrung
Weltloge
Dido
Ostara
Täufer – Vril, oder die kosmische Urkraft
F. Unger – Die versunkene Insel Atlantis
Platon – Kritias und Timaios
Wieland – Altantis, Edda und die Bibel
Reinhard Habek – Atlantnis – der verschollene Kontinet
Rienhard Habek – Hochtechnologie der Frühzeit
Ch. Berlitz – Das Atlantis Rätsel
A. Besant – Der Stammbaum des Menschen
R. Steiner – Aus der Akashachronik
K. Aschenbrenner – Die Antiliden
Hörbigers – Glazialkosmologie
Müller – Das Buch von Buddha des Westens
F. Bardon – Die Praxis der magischen Evokation
Hartmann – Vertrauliche Mitteilungen
Surya – Moderne Rosenkreuzer
Terra X – Von Atlantis bis zum Dach der Welt
A.Crowley – Atlantis
P. Brunton – Geheimnisvolles Ägypten
Blavatsky – Geheimlehre 4 Bände
Blavatsky – Isis Entschleiert 2 Bände
Peryt Shou – Die Esoterik der Atlantier
Peryt Shou – Atlantis, das Schicksal der Menschheit
Scott-Eliot – Atlantis nach okkulten Quellen
Die Bibel
G.v.List – Die Ursprache der Ario-Germanen
J. Peter – Atlantis
Marby – Die drei Schwäne

Brandler-Pracht – Die Sintflut kommt wieder
Private Manuskripte
Pauwels/Bergier – Aufbruch ins dritte Jahrtausend
Donnely – Atlantis
Quintscher – Buch Hanoch
Musallam – Am Libanon
Hemberger – Pansophie und Rosenkreuz
Scott-Eliott – Lemuria

Das goldene Blatt der Weisheit
Seila Orienta/Franz Bardon

Zum ersten Mal in der okkulten Literatur wird die 4. Tarotkarte des Hermes Trismegistos verständlich beschrieben und offengelegt. Sie beinhaltet unbekannte Konzentrations- und Meditationsübungen. Des Weiteren gibt sie Hinweise und erklärt die Unterschiede zwischen Magie und Mystik und Gefahren des einseitigen Weges. Am Ende steht die Verbindung mit der universellen Gottheit, dem Herrn der Sonnensphäre, welcher quabbalistisch „Metatron" genannt wird.

*

5. Tarotkarte – Mysterien des Steins der Weisen
Seila Orienta/Franz Bardon

Dieses Buch stellt die Vorderseite der Alchemie dar, die die einzelnen praktischen Übungsschritte erklärt, ohne die verschlüsselten Mystifikationen der alten Alchemisten auch nur annähernd zu erwähnen, wie man es aus den anderen Büchern des Franz Bardon kennt. Es wird erklärt, dass ohne vollkommene Beherrschung der 4 Elemente keine Alchemie möglich ist. Des Weiteren wird mit den einzelnen Ebenen, mit den Matrizen, dem elektromagnetischen Fluid usw. gearbeitet. Doch den Hauptpunkt stellen die göttlichen Eigenschaften wie z. B. die Allmacht dar, mit denen der Göttliche Stein der Weisen durch gewisse Übungen geladen wird.

*

Talismanologie und Mantramkunde
Seila Orienta/Franz Bardon

Zum ersten Mal werden hier (magisch) geladene Mantrams – Gebetssätze – preisgegeben, welche bei nötiger Reife, Ausgeglichenheit und Reinheit durchdringende Erfolge versprechen. Mantrams sind ja nach Bardon nicht irgendwelche „Suggestionssätze", sondern sie sind Ideenausdrücke, mit denen man mit Mächten, Kräften, Eigenschaften, also Gottheiten, in Verbindung kommen kann. Gleichzeitig werden die dazugehörigen Siegelzeichen der göttlichen Ideen preisgegeben, welche im rituellen

Zusammenhang mit den Mantrams stehen. Ein Buch, das nicht nur die Hermetiker, sondern auch die Anhänger der Yogawissenschaften inspirieren wird!

*

Eine Sammlung der schönsten und lehrreichsten Beschwörungsgeschichten
Hohenstätten

Dieses Buch ist einzigartig, denn es zeigt den zweiten Band von Franz Bardon an Hand von interessanten Evokationsberichten, die genau das bestätigen, was Bardon in seinem Buch geschrieben hat, und noch darüber hinaus. Es werden sensationelle Erlebnisse geschildert, die man sonst niemals findet. Auch aus unveröffentlichten Schriften wird zitiert.

*

Verkörperungen des Meister Arion
Hohenstätten

Man wird beim Lesen dieses Buches nicht glauben, wie viele bekannte und unbekannte Inkarnationen Franz Bardon hatte. Die paar, die im „Frabato" bekannt gegeben wurden, stellen nur einen geringen Teil seiner Verkörperungen dar. Wir mussten, da es dermaßen wenig Literatur über die Verkörperungen gab, wieder Hunderte und Aberhunderte von Büchern, Aufsätzen, Zeitschriften und Artikeln durcharbeiten, bis wir genügend Material für dieses Buch hatten. Aber der Leser wird sich beim Lesen sicherlich über unsere Arbeit freuen, denn sie wird ihn in Erstaunen versetzen!

*

Shamballa, der goldene Tempel des Lichts
Hohenstätten

Dieser Tempel dürfte jeden Leser von Bardons Roman „Frabato" fasziniert haben. Dass es aber in der okkulten Literatur noch viel mehr Informationen darüber gibt, die man aber nur findet, wenn man alles Veröffentlichte gelesen hat, dürfte dem einen oder anderen unbekannt sein. Es wurden wieder ganze Stöße von Büchern durchgesehen und das Ergebnis wird hier veröffentlicht. Es wird aber gleichzeitig darauf hingewiesen, wie viel Schundliteratur es darüber gibt, wie viel Lügen im Umlauf sind, damit sich der Schüler der Hermetik ein klares Bild machen kann. Wir bringen in diesem Buch alles, was wir an Material darüber gefunden haben, und es wird auch noch einiges aus der eigenen Erfahrung, was das Wertvollste ist, mitgeteilt. Nicht nur über den Tempel wird berichtet, sondern auch über die damit verbundene „Bruderschaft des Lichts", deren Sitz er darstellt.

*

Auf der Suche nach Meister Arion
Hohenstätten

Diese Autobiographie eines Schülers der Hermetik des Franz Bardon schildert sein magisches Leben, in welchem zahlreiche Erfahrungen zu den Übungen aus dem Adepten geschildert werden, die die Hauptperson selbst erlebt hat. Es wird der schwere Weg des Adepten aus autobiographischer Sicht gezeigt, seine vielen Tiefschläge, aber auch seine glanzvollen Seiten und Zeiten. Der harte Kampf mit dem Seelenspiegel wird bis in alle Einzelheiten aufgezeigt, genauso wie die vielen anderen Wege, in welche der Autor reinschnupperte, um dadurch reichlich Erfahrung sammeln zu können. Darüber hinaus enthält es unzählige Erfahrungen und Berichte betreffs Mantramistik nach Bardon, die wahre Runenmagie, zahlreiche Evokationen sowie Invokationen mit seinem Lehrer Anion, einen magischen Exorzismus, wie er bisher noch nie öffentlich geschildert wurde. Mentalreisen, Beeinflussungen, Übungen zur Gottverbundenheit, Erscheinungen, Alchemie, Heilungen mit den verschiedensten magischen Methoden z. B. Quabbalah oder durch die Elemente, Schutzgeistevokationen und viele andere magische „Wunder" seines Freundes und Lehrers Anion. Auch einige magische Fotos in Farbe, ein bisher von Bardon unveröffentlichtes Akashafoto von Christus und ein Bild des schwebenden Meister Arion werden in diesem Buch preisgegeben. Der Inhalt ist viel reichlicher, als hier kurz beschrieben werden kann.

*

Magisches Gleichgewicht
Hohenstätten

Dieses Buch zeigt eindeutig, dass in allen anderen Systemen das „Gleichgewicht" genauso gebraucht wird, wie bei Bardons Werken. Er war nicht der Einzige, der das erwähnte, aber er war der erste, der es deutlich erklärte, denn die anderen Systeme sprachen nur durch das Symbol, welches nicht jedem Leser verständlich war. Obendrein bringen wir noch Unveröffentlichtes vom Meister Arion zu dieser Grundlage der magischen

Entwicklung.

*

Das Leben und die Erfahrungen eines wahren Hermetikers
Seila Orienta

Diese Autobiographie eines Magiers ist unübertroffen, denn bis jetzt hat kein einziger okkult Geschulter so offen und ehrlich gesprochen wie Seila Orienta. Er gibt in diesem Werk sein Leben bekannt, sowie seine zahlreichen und äußerst interessanten Erlebnisse und Erfahrungen. Es werden auch zum ersten Mal Fotos von Wesen der Sphären gezeigt, welche Franz Bardon höchstpersönlich in den 1920ern gemacht hat. Des Weiteren schreibt Seila Orienta über die Sphären, über Dämonen, Logenkontakte und vieles, vieles mehr, was einem ehrlich strebenden Hermetiker das Herz übergehen lassen wird.

*

Das Leben des Franz Bardon
Hohenstätten

Dieses Buch beschreibt das Leben des Meisters außerhalb des Frabatos, welches seine Sekretärin – Otti V. – geschrieben hat. Es beinhaltet Erklärungen zu seiner „Biografie", weitere Einzelheiten über den Kampf mit der FOGC, seine Beziehung zu Wilhelm Quintscher und anderen Okkultisten, was alles bisher unbekannt war! Des Weiteren werden viele Erlebnisse seiner Schüler in Prag erzählt, verschiedene magische Leistungen und interessante Geschichten Bardons beschrieben, die bis dato unveröffentlicht sind. Es werden auch seine drei Lehrwerke und deren Wirkung auf die Öffentlichkeit von einem anderen, unbekannten Standpunkt geschildert, welcher durch bisher schwer zugängliche Schriften unterstützt wird. Als Krönung wird seine aus dem Tschechischen übersetzte „Runenschrift" zum ersten Mal veröffentlicht. Auch einige Seiten aus anderen unveröffentlichten Schriften von ihm sowie interessante Fotos des Meister Bardon und seiner Freunde werden hier preisgegeben und vieles, vieles mehr.

*

In Verbindung mit der Gottheit
Hohenstätten

Über das Thema der Gottverbundenheit mit all seinen Formen und

Methoden wurde bis heute noch nie ein Buch verfasst, geschweige denn eine Schrift geschrieben. Man findet in der okkulten wie in der östlichen Literatur nur spärliche Hinweise, die größtenteils verschlüsselt sind oder so geschrieben wurden, dass man sie kaum versteht. Im Gegensatz dazu wird in diesem Buch offen dargelegt, dass das 1. kleine Arkanum der 78 Tarotkarten die Gottverbundenheit in ihrer Reinform darstellt.

*

Hermetische Heilmethoden
Hohenstätten

Dieses Buch stellt in der okkulten Literatur ein absolutes Unikum dar, denn über die Gesamtheit der okkulten Heilmethoden wurde bis jetzt noch NIE etwas Sinnvolles geschrieben. Es werden alle Heilmethoden erwähnt, die der hermetische Schüler mit Hilfe seiner bisher erlangten Konzentrationsfähigkeit ausüben und verwenden kann.

*

Erste hermetische Zeitschrift

„Der hermetische Bund teilt mit" ist eine der wenigen magisch-mystischen Zeitschriften, welche sich soweit als möglich auf die universelle Lehre von Franz Bardon bezieht. Sie versucht sich an die Gesetze des 4-poligen Magneten zu halten und vermittelt Wissen sowie Hinweise für die Praxis, damit der Leser die Möglichkeit hat, sie in seinen hermetischen Weg aufzunehmen und für sich gewinnbringend zu verarbeiten.

Noch viel mehr hermetische Literatur finden Sie auf unserer Website: http://www.hermetischer-bund.com.

Viel Vergnügen beim Stöbern!

Der Verlag